「日本は支那をみくびりたり」

日中戦争とは何だったのか

纐纈　厚

目次

序　章　忌避される戦争の総括　5
歴史の隠蔽と忘却／台頭する「帝国意識」
第一章　日中戦争とは何だったのか　15
1　歴史の忘却の背景　16
昭和天皇の対中国認識／日中戦争を問い続けることの意味
2　日本人と中国人の歴史観　24
日中全面戦争の開始／「反日運動」と「愛国教育」／乖離が生まれる理由／対日感情の複雑さ
第二章　日本人は中国をどう見てきたか　41
1　対中国観の萌芽　42
「大陸国家日本」という願望／林子平と本田利明／暴力と抑圧の思想／樽井藤吉のアジア認識／欧米帝国主義への対抗／徳富蘇峰と陸羯南
2　中国侵略の起点はどこか　62
台湾出兵／帝国主義と文明化／万国公法秩序／侵略パターン／大東亜共栄圏／日清戦争の評価／日本主義の形成／「戦後経営」の名の下に／大陸国家構想の実現／強者と弱者

第三章　日本は誰に「敗北」したのか　95
1　敗北と降伏　96
「アメリカに敗れた」日本人／「日本人はアジアに友人を持っていない」／一枚の油絵／いつ中国と戦争を始めたか／侵略を必要とした理由
2　日中戦争以後　116
日本軍は何をしてきたか／戦前の世界秩序／米ソと中国／勝利か、敗北か／アメリカの罪と罰
第四章　日本は中国に「敗北」し、アメリカに「降伏」した　137
1　敗北の異相　138
成長の陰に／一三八万の兵力、四一五億の軍事費／戦争の連鎖／「支那が日本を滅ぼしたとは考えない」／丸山真男ですら抱いた意識／欠落した視点
2　ドイツと日本　160
「原爆は神の御加護」／歴史の隠蔽と否定／「いつまで謝罪すればよいのか」／東京裁判とパル判事
おわりに　歴史から何を学ぶのか　179
あとがき　183
主要参考文献一覧　185

序章　忌避される戦争の総括

歴史の隠蔽と忘却

「権力に対する人間の闘いとは忘却に対する記憶の闘いにほかならない」（『笑いと忘却の書』晶文社、一九九二年）とは、チェコスロバキア（当時）の作家ミラン・クンデラ（Milan Kundera,1929-）の言葉である。いま、歴史解釈の修正と歴史事実の歪曲の動きが、ある世界史的な潮流として、この日本にも流れ込んで来ている。

その一群が、自らを「自由主義史観」グループと称して、日本近現代史の修正作業を押し進め、それが一定の支持を集めている現実が深く進行していた。彼らの歴史叙述の内容と方法は極めてシンプルだが、若い青年層を含め、多くの支持と共感を得ていたのである。

流石に今日では、歴史を封印し、忘却の彼方に追いやろうとする姿勢への批判が高まり、ひところの勢いはない。だが、その極めて恣意的でご都合主義的な歴史解釈や、歴史研究の基本である歴史事実の実証の点で、多くの疑問を内在させているものの、その動きは依然として根深い。

こうした歴史の事実と解釈をめぐる動きのなかで、私が特に問題にしたいと思うのは、歴史の認識に関わる点である。私自身、この間の歴史研究の目標を歴史事実の実証と、その事実から現在と未来の望ましき新たな歴史形成のための素材を獲得することに置いてきた。

言い換えれば、ドイツの文芸評論家で哲学者としても知られるワルター・ベンヤミン（Walter B. S. Benjamin, 1892-1940）が、「過去を歴史的に関連づけることは、それを〈もともとあったとおりに〉認識することではない。危機の瞬間にひらめくような回想を捉えることである」（「歴史哲学のテーゼ」『ベンヤミン著作集』晶文社、一九六九年）と述べたように、歴史事実を正確に叙述すると同時に、実証により確認した歴史事実をどう認識するかの作業を通じて、現実の社会や世界をより良き方向に導く標しとして活用していくことである。そこでは、恣意的でご都合主義的な歴史解釈は絶対に許されるものではない。

今日における歴史修正の世界史的潮流は、歴史事実そのものの否定・歪曲から、恣意的な歴史解釈、ある政治目的を達成するために様々な粉飾を凝らした歴史叙述まで、実に多様な形態をともない表出している。それゆえ、今日の歴史叙述には、ベンヤミンの言う歴史事実のストレートな認識に留まらないで、それをこの歴史の危機の時代に、どう危機克服の素材として活用していくのかという、課題設定なり問題意識の質が問われているように思うのである。

そうでないと、ただ単に歴史修正主義の潮流や、日本の「自由主義史観」グループの「歴史再定義」の動きには、充分に対抗していくことができない。私は、歴史の危機の時代にあって、そのような危機を克服し、歴史を現在と未来を創り出していくための有効な手段とし、主体形成の拠り所としていくために、歴史事実の確認と歴史認識の深まりを求めていきたいのである。

そうした問題の観点を具体例を踏まえて付記しておくならば、戦後一貫してアジア太平洋戦争の解釈と認識をめぐる二分立状態が続き、その一方の側から「侵略戦争論」の清算が意図されてきた。敗戦五〇年目に企画された「謝罪・不戦決議」の国会「決議」により、清算の動きは一層の拍車がかかった。極めて、穏当かつ不誠実とも言える国会決議の内容にさえ、清算を意図する人たちは焦燥感を抱き、その解釈づけにおける主導権の把握を急ごうとしていた。

彼らにとって、戦後民主主義や平和主義が侵略戦争の敗北を契機に獲得されたものであり、日本の敗戦は台湾・中国、南北朝鮮をはじめとするアジアの被侵略諸国家の人々によるファシズム国家日本への抵抗と反発により結果されたもの、という歴史事実や歴史認識は到底受け入れられないのである。なぜなら、戦後民主主義や平和主義は、天皇制に集約される戦前の価値観や政治社会制度の否定ないし克服を前提としたものであって、彼らの言う国家観や国家制度の復権の可能性を全面的に閉ざすものと理解されているからである。

それで、彼らの目指す国家や国家制度の復権を実現させるために、先ず戦後民主主義や平和主義の起点とも言うべきアジア太平洋戦争が侵略戦争ではなく、「自衛」のための戦争であり、「アジア解放」のための戦争であったという歴史解釈が持ち出されてくるのである。

アジア太平洋戦争の研究レベルや戦争観から言えば、アジア太平洋戦争を侵略戦争と明確に規定し、また多くの日本人が、侵略戦争あるいは極めて侵略性の高い戦争との認識を抱いていることは間違いない。だが、それにも拘わらず、戦争責任や加害責任の問題にまで意識化されている現状にはない。つまり、日本人の戦争認識が依然として確立されていないということだ。それが侵略戦争否定論者たちの格好の狙い目とされているように思われてならない。

台頭する「帝国意識」

歴史事実の隠蔽や忘却、そして恣意的な歴史解釈の押しつけは、現行憲法が示す歴史認識を否定し、ポスト冷戦時代に適合する新たな国民意識＝「帝国意識」の培養の試みとも理解される。ポスト冷戦の時代を迎えて、新世界秩序＝新体制創出の過渡期に入った現在、「相互依存体制」の深化と脅威の分散ないし拡散という矛盾した現象が最も先鋭化した形で表出するアジア地域で、あくまで日本が覇権主義を貫こうとすれば、国家組織の引き締めは強まることはあっても、弱まることは決してなかろう。

この「帝国意識」の基盤は、すでに経済大国意識によって大枠が形成されたものだが、それは自民族中心主義（エスノセントリズムあるいはエスノナショナリズム）に支えられた歴史観念を特徴とする。そこでは民族の歴史総体が一貫して栄光の歴史として評価され正当化される。それゆえに、アジア太平洋戦争は日本民族の歴史にとって負の遺産であってはならず、その戦争目的において日本国家・日本民族発展のための大いなる試みであった、とする歴史解釈や認識が不可欠なのである。同時に世界的な観点から見据えておくことも忘れてはならない。

それは「歴史修正主義者」（révisionisme）、または「歴史否定主義者」（négationnisme）と呼ばれる歴史の〈見直し〉論者たちの世界的な動きとの、ある種の連動性の問題である。ドイツにおける歴史事実の相対化の是非をめぐる「歴史家争論」は、ドイツ・ナチズムが犯した罪の絶対的悪から相対的悪への格下げが意図され、さらにナチスによるユダヤ人虐殺やガス室の存在の否定論を引き出した。歴史修正主義者たちは、実証的な歴史研究を専門的職業とする歴史家たちではなく、その限りでは学問上の論争の相手ではないにしても、その社会的な影響力は無視できるものでは決してない。

歴史修正主義者たちの基本的な目標は、歴史の創造主体としての個人の役割を否定し、歴史を管理・修正する主体としての国家を全面的に評価をすることにある。従って、国家にとって不都合な種々の歴史事実は、意図的に抹殺・隠蔽しようとする。歴史修正主義の本場とも言えるドイツでは、ナチズムの侵略の事実を隠蔽・歪曲し、アメリカでは「自由圧力団体」に支援される歴史修正会議などがその役割を担い、フランスでは国民戦線に集結した人々がフランス共和制の歴史の〈見直し〉を迫っている。

私たちに求められていることは、〝歴史の管理〟者として過去の歴史を歪曲・隠蔽しようとする国家や、そうした路線に忠実な政治家や歴史修正主義者たちの犯罪性を告発し、国家からの歴史の〈取り戻し〉を急ぐことにある。その危険性を自覚しながら、歴史の〈見直し〉の動きを阻むためには、より逞しい歴史意識や歴史認識を鍛えあげていくしかない。私たちは、いまや過去の克服と同時に、歴史の〈取り戻し〉と言う課題を背負うことになったのである。その場合、私たちは検討すべき課題をいくつか抱えている。

そのうちのひとつだけをあげれば、歴史の忘却と記憶の問題がある。前者については、過去を隠蔽しようとする国家と、過去を忘却しようとする国民とを、同時的に告発することを通じて、歴史の〈取り戻し〉と歴史認識の共有こそが求められているのであり、それが被侵略国家および国民・民族との和解の第一歩であるはずである。しかし、戦後日本及び日本人の多くは、歴史の総括を忌避し続けてきたのではないか。

だからこそ、侵略の歴史事実を相対化し、侵略戦争を単なる「過去の出来事」に追いやることで「現在としての過去」という歴史を捉える重要な視点を完全に抹消しようとする試みには、異議を唱え続けなくてはならないのである。「過去の出来事」という場合、侵略戦争という、あくまで日本国家にとって都合の悪い歴史事実のみが選定されて忘却の対象とされて来たことは、極めて悪質な歴史解釈ではないだろうか。

そうした意図された歴史の忘却の進行に、被侵略国家の人々はますます不信感を募らせるばかりだ。なぜ、広島・長崎への原爆投下、シベリア抑留などが強く記憶され、バターン死の行進、南京虐殺事件、シンガポール虐殺事件、マニラ掠奪事件、ベトナム一九四五年の飢饉などが忘却されるのか、という問題である。忘却と記憶によって歴史事実が都合よく再形成されていく事態こそ、極めて憂慮すべきなのだ。

記憶と忘却の恣意的な操作のなかで、歴史事実の確認と未来に向けた歴史認識の深まりは期待できない。侵略の歴史事実と加害の歴史事実を「心に刻む」(Erinnerung《エアインネアルング》)ことによって、より社会的に加害の主体と被害の主体を明確にしていく作業を怠ってはならないのである。

戦争責任問題が議論される場合、短絡的な加害論や被害論あるいは敵・味方論の議論に収斂《しゅうれん》させてしまうのではなく、先ずどのようにしたら「現在としての過去」と、自分とを切り結ぶことが可能なのか、そしてどうすれば歴史の主体者としての自己を獲得するかという課題が設定されるべきであろう。

この課題設定が深刻かつ真剣に議論されてこなかったがゆえに、歴史の暗部を隠蔽し、過去の〈書き換え〉を強引に要求した国家による歴史の統制に、有効な対応ができなかったのではないか。同時に戦後の平和主義や民主主義の内実を深く問うことなしに、利益誘導型・利益第一主義的な前向き課題への無条件の礼賛のなかで、無意識的にせよ、私たちは過去の忘却に手を貸してきたのではないのか。

今日、アジア太平洋戦争であった歴史の事実は充分に論証されもしてきた。戦後日本人の戦争観や歴史解釈にしても、大方が日本の侵略戦争の歴史事実を真剣に学びとろうとしている。また、侵略戦争を告発し続けることで過去を徹底して批判し、そのことによって過去を克服し、同時に侵略戦争を引き起こした戦前期社会と多分に連続性を孕む戦後社会をも総体として批判することで、あるべき理想社会の構築を実現しようとする運動や思想が展開もされ、深められもしている。それこそが「現在としての過去」を正面から正しく見据えることである。その点で「過去」を単に時系列的な「出来事」として片づけてしまうのは、大きな問題である。

それと同時に明らかに歴史事実の歪曲・曲解・隠蔽によって、ある政治的目的のために歴史を捏造する事は最も卑劣な行為ではないか。いわゆる米英同罪史観、自衛戦争史観、アジア解放戦争史観、殉国史観、英霊史観などの〝歴史観〟が、これに該当しよう。

これらの歴史観に共通する事は、いずれも他の人たちによって行われた犯罪によって、別の人々の背負う罪が相対的に軽減されるとする認識に立っていることである。これこそ明らかに歴史責任を放棄する考え方であり、歴史の事実を真正面から見据えようとしない無責任な姿勢と言えよう。これでは歴史のなかで生きる人々との間で、あるべき歴史認識の共有と理解により「平和的共存関係」を創造するという平和の思想は、到底生まれようがないのではないか。

そのような課題を念頭に据えながら、私は現代史研究者の一人として、とりわけアジア太平洋戦争とは一体どのような時代であり、どのような戦争であったのか、そこでは戦争に至るまで、これを受容していく侵略思想がどのような段階と思想的な変遷を経つつ、どのような思想家たちによって創出されていったのか、また、戦争に至る国内の政治動向、なかでも天皇周辺や軍部の動向はどのようなものであったか、を追い続けてきた。

それと同時に戦争という政治状況のなかに、これに関わらずにいられなかった人々、換言すれば戦争による抑圧の体系のなかで人々がどのような運命を歩むことになったのかについても活写していくことが、今日における新たな「戦前」の始まり状況との関連からも不可欠に思われる。

そして、アジア太平洋戦争の真実に迫る試みは、今後においてもあらゆる機会を通して続けなくてならない。現在が歴史の危機の時代であってみれば、なおさらである。この戦争が私たちに問いかけている課題はあまりにも多い。本書は、こうした課題に取り組むに当たり、戦後日本人の対中国観の実相を追うことで、日本人の歴史認識の歪さを生み出した背景を探ろうとするものである。

戦後日本社会における歴史否定主義や歴史修正主義の連綿と続く動きのなかで、メディアのなかにも客観性を著しく欠いた歴史認識の表明や、また拉致問題をめぐる過剰とも思える朝鮮民主主義人民共和国（北朝鮮）へのバッシングに示される世論の動き、それに拍車をかける戦後一貫する草の根の保守運動の現実など、中国や北朝鮮を含めアジア諸国民への是正されない偏見に満ちた歴史観など、二一世紀を生きる私たちが克服すべき歴史認識上の課題は頗る多い。

その克服のためには、アジアに生きる私たち日本人がアジア諸国民と間に共有可能な歴史認識や社会認識を発見し、それを育むことが必要に思う。「共通の何か」を探り出すための前提として、過去の克服は必須の条件であり、そのためにこそ歴史への真摯な眼差しを自覚的に何処まで獲得できるかが極めて重要な課題となる。そのことを充分に意識して、本書は書き進められる。

つまり、本書は、日本が過去における歴史を充分に総括かつ清算し得ておらず、その結果として過去の克服に失敗してきた戦後日本の現実を直視することで、東アジアとの本来の意味での交流を阻んできた歴史の棘を取り去る試みのひとつとしてある。

ここでは、今日の日本を含めた各国における歴史認識の深まりを阻害する原因として、戦争の封印や抹殺が横行する現状を批判する視点を提起すること、その前提として、日本を現状課題としての戦争の記憶の喪失状況の原因と、戦後日本人の歴史認識の現実を浮き彫りにすることを目的としている。

私は長年、日本の近現代史を学ぶなかで、歴史認識論に関心を抱き続けてきたが、そのなかで常に考えてきたことは、「過去の取り戻しとしての平和思想」の獲得ということである。戦争の記憶を維持し、そこから教訓を引き出すためには、平和の思想を逞しく創造し、再生産し続けることが決定的な課題としなければならないのではないか、ということである。

戦争の記憶の封印や抹殺が強行されようとし、それが数多の民衆の歴史認識の深まりを阻害する状況を打破するためには、普遍的かつ継続的な平和思想の創造と実践が不可欠であり、そのことを念頭に据えた課題意識の国境を越えた共有が求められているように思う。

戦争の記憶を喪失しないために、また、戦争体験によって被害体験を強いられた人間総体を救済するためにも、まさにその意味において治癒としての平和思想の鍛え直しが急がねばならないのである。

そこで本書では、近代日本国家成立以降、連綿として続いてきた中国への偏見の集積の果てに引き起こされた日中十五年戦争に焦点を当てつつ、侵略戦争という過去の克服がなされておらず、日中間に潜在する歴史認識の乖離に必ずしも自覚的でない戦後日本と日本人の歴史認識を問い直していきたいと思う。なぜならば、それなくして、中国をも含めたアジア諸国民との間の歴史和解も平和共同体の構築も不可能に思われてならないからである。

第一章

日中戦争とは何だったのか

1　歴史の忘却の背景

昭和天皇の対中国認識

日中一五年戦争は、なぜ始ったのか。なぜ、戦争を食い止められなかったのか。そのことは戦後において、歴史研究者だけでなく、多くの日本人が問い直し続けてきた課題である。

中国との戦争は、当時の財界や世論の後押しを受けて、軍部が実行したものに違いないが、日本軍隊が現実に行動を開始するには、統帥権保持者の天皇の裁可が不可欠であった。昭和天皇は、唯一大元帥の称号を持つ帝国陸海軍の最高司令官であった。戦後、天皇の位置をめぐり多様な解釈が主張されてきたが、日中戦争を含めて、天皇の裁可なくして開始され得なかったことは歴史の現実である。

つまり、日中戦争は、その起点となった満州事変をも含めて昭和天皇によって認知され裁可された戦争であった。その昭和天皇が残したとされる証言録が、近年相次いで公表されている。

たとえば、二〇〇七年三月九日に公表された小倉庫次元侍従の日記もそのひとつだ。小倉は天皇の近くにいて、その生の声を克明に日記に記録していた。この日記のなかで、特に興味を惹いたのは、昭和天皇の日中戦争観である。

たとえば、一九四〇（昭和一五）年一〇月一二日の項に次のような昭和天皇の言葉が紹介されている。

支那が案外に強く、事変の見通しは皆があやまり、特に専門の陸軍すら観測を誤れり。それが今日、各方面に響いて来て居る（『小倉庫次侍従日記』昭和天皇戦時下の肉声」『文藝春秋』二〇〇七年四月特別号）

この文書に対して現代史家の半藤一利は、昭和天皇が泥沼化することになった日中戦争に踏み切ったことを後悔し、陸軍の見通しの甘さに強い不満を述べた内容との解説を付している。

だが、私の感想は少々異なる。冒頭の「支那が案外に強く」の部分に注目して欲しい。陸軍が中国と全面戦争に入る時点で、昭和天皇は中国を一撃で制圧可能と言い切る陸軍の説得に応じていたのだ。中国での勝利を開戦当初には疑っていなかったのである。

蘆溝橋での日中両軍の衝突は、事件発生（一九三七年七月七日）の翌日に天皇に伝えられた。当時の陸軍では、「中国は弱い」との認識を抱く軍事官僚たちが陸軍省や参謀本部の中枢で実権を握っていた。彼らは中国に一撃を与えれば、華北地方一帯から内蒙古《モンゴル》地域まで、日本の軍門に下るはずだ、とする楽観論を語っていたのである（『河辺虎四郎回想録　市ヶ谷から市ヶ谷へ』毎日新聞社、一九七九年）。

昭和天皇も結局は、彼らの予測と同じだったのではないか。昭和天皇自身、中国の戦闘能力あるいは中国の国力自体を軽く見積もっていたことが、この言葉に端的に表れているように思う。私がこの証言を特に注目したのは、それが昭和天皇だけでなく陸軍や日本政府あるいは当時の日本人全体に共通する対中国観ではなかったのか、と思ったからだ。

中国を軽視した悔いは、翌一九四一（昭和一六）年一月九日付きの証言で吐露されている。「日本は支那を見くびりたり、早く戦争を止めて、十年ばかり国力の充実を図るが尤も懸命なるべき」（同右、傍点引用者）と。「支那をみくびりたり」の主語を「日本」にしているが、同時に昭和天皇自身を指していたのではないか。

それはまた、対中国認識を見誤った自分自身への苛立ちと、誤った情報を伝えていた陸軍への不満の表れであったかも知れない。もっと言えば、昭和天皇は対英米戦争開始の前年の時点で早くも、対中国戦敗北を予測していたのではないか。

さらに、次の箇所をも注目に値しよう。対英米戦争開始の翌年である一九四二（昭和一七）年一二月一一日の項である。昭和天皇が京都に行幸した折、小倉らの側近に向けた「自分は支那事変はやり度《たく》くなかった。それはソヴィエトがこわいからである。且つ、自分の得て居る情報では、始めれば支那は容易のことでは行かぬ。満州事変の時のようには行かぬ」（同右）という言葉だ。まるで敗北を覚悟したような心境を語って見せていたのである。

昭和天皇は日中全面戦争開始後、三年余にして勝敗の帰趨《きすう》を予測していたことになる。対ソ連戦に向け、資源確保地あるいはソ連攻撃の軍事拠点としての中国を制圧する目処が立たなくなったことに落胆の思いを隠していなかった、と思われる。

実際、昭和天皇が予測したように、中国との戦争は混沌としていく。中国での局面を打開するために、一九四一年一二月八日の対英米開戦に踏み切った、というのが歴史の真実ではないだろうか。まさに愚行とも言える判断に思えてしまう。

もっとも愚行と断じるには、裏付けが必要である。敗北への道を見通す力が昭和天皇に備わっていながら、なぜ、対英米戦争を止められなかったのか、も大きな問題である。加えて昭和天皇は、対中国戦は危険であり、勝てる見込みがないのだと、小倉庫次元侍従に語ってみせたような思いを、どうして周辺に率直に伝えなかったのだろうか。

昭和天皇たる地位そのものが言えなくさせた事は、容易に想像できる。昭和天皇自身が、立憲主義の立場を尊重し、この場に及んでも専制君主として強いリーダーシップの発揮を避けようとしたためだろうか。それとも天皇自身の決断力不足がなせる結果なのか。

その答えは一様でない。私は日中戦争に踏み込んでしまった日本が、もはや戦争という大きな流れのなかで身動きが取れなくなってしまっていたこと、この重い流れを止める者は、天皇をも含め誰も居なかったからだと思う。

いったん、戦争に踏み切ると、途中で止めることは至難の業である。それが、戦争を選択してしまった国家の姿なのである。

それで私が本書で特に考えてみたいことのひとつは、日中全面戦争開始当初において、あらゆる情報に接する立場にあったはずの昭和天皇にさえ、対中国戦の楽観論を語らせたような、日本人の多くに通底する対中国観が、どのような経緯を得て生まれてきたのか、ということである。対中国戦の楽観論があったればこそ、昭和天皇の言葉に示された、戸惑いや当て外れの思いが思わず口をついて出たのであろう。

そうだとすると、日本人の対中国観が、どのようにして形成されたのかが、重要な疑問となって浮上してくる。実は、この疑問に正面から向き合うことなしに、日中戦争とは何だったのか、という課題に迫ることはできないように思う。このことが、本書に通底する重要な課題である。

また、ここで言う対中国観は、今日においても、必ずしも清算されていない。ともすれば独りよがりな対外認識を抱きがちな日本政府の、あるいはまた多くの日本人に見られる観念として引き継がれているのではないか。

これに関連して現在公開が進められている『蔣介石日記』(スタンフォード大学所蔵)において、蔣介石は「(日本は)中華を侮って侵略した」(一九五二年二月二二日の項、『朝日新聞』二〇〇八年八月二六日付朝刊より)と喝破している。蔣介石は、日華平和条約交渉が難航した折りの記述だが、戦後になっても、中国を侵略した日本の「悪癖」に変わりがないと批判する。

それで私は、日本人が抱く対中国観の問題に向き合わなければ、対中国戦争の原因論や戦争の無意味さを掴むことは難しいのではないか、と思い続けてきた。蘆溝橋事件を引き起こすことになった一九三〇年代以降における日本の対中国政策と、日本人の対中国観を問い直しておく必要があるように思う。

日中戦争を問い続けることの意味

もう一つの大きな問題は、戦前日本人の対中国観に象徴される対アジア認識が、今日の日本人にも多様な形で受け継がれていることである。そこに孕まれた偏見や誤解を解消していくためにも、あらためて日中戦争とは何だったのか、を問うことが求められてもいる。

昭和天皇の対中国戦争と対中国観の誤りが、対英米戦争をも引き起こした、と私は考えている。対英米戦争と前後するが、長引く中国との戦争が戦争資源、あるいは兵站基地として台湾・朝鮮植民地支配の比重を高めさせた。その延長上に、フィリピン、インドネシアをはじめとする東南アジア諸国の軍事占領、軍政統治へと突き進んでしまったのではないか。

それで本書は、日本人が中国と、どう関わろうとしてきたのか、どう関わってしまったのか、について日中戦争を媒介としながら捉え直してみようとするものである。日本は対英米戦争で、近代日本国家成立後、初めて敗北を体験する。年表を追うと、この敗北を迎えるまでに戦争の歴史が次々と重ねることになる。

すなわち、台湾出兵（一八七四年）を嚆矢《こうし》とし、日清戦争（一八九四〜一八九五年）、日露戦争

（一九〇四～一九〇五年）、第一次世界大戦（一九一四～一九一八年）と対外戦争を繰り返した。その間にシベリア干渉戦争（一九一八年～一九二五年）も強行した。さらには義和団事件に絡む北京出兵（一九〇〇年）、済南事件（一九二八年）や山東出兵（一九二七年～一九二八年）などもある。

これらの戦争や出兵のほとんどが中国を相手にしたものである。これらの戦争や出兵を踏み台にして、戦前日本国家は膨張と発展を続けた。しかし、敗北によって、力による発展の論理は破綻する。

その歴史のプロセスを追いながら、ここで言う敗北をめぐる歴史の事実と歴史の認識を深めていく努力が必要ではないか。そのことを大きな問題意識としながら、本書は日中戦争をめぐる日中両国政府および国民の歴史への向き合い方の違いのようなものを、どう考えるのかを主要なテーマともしている。歴史の事実を認めるためには、客観的な裏付けが必要であると同時に、それ以上にその歴史事実をどう認識するか、という厄介な問題がつきまとう。

第三者の立場から歴史事実を認めたとしても、それが己自身の生き様や存在に関わることになった途端に身を引いてしまうことが多々あるようだ。歴史事実をどこかで認めていても、歴史認識を深めようとしないために、歴史事実から教訓を引っ張り出せないか、引っ張り出そうとしないことがある。歴史事実と歴史認識とは、表裏一体の関係にあるように思う。それは同時に、自らの存在を絡めて捉えるものであろう。

ここで、あらためて「日中戦争とは何だったのか」という問いを発するのは、他でもない。昨今の日中関係に横たわる「歴史問題」について、依然として政治決着をみないのは、その根底に日中戦争に関わる歴史事実と歴史認識という課題が、充分に克服されていないからではないか、という思いからだ。日中間のズレは、実に日中戦争に端を発しているように思われる。

だとすれば、台湾出兵から始まり、日清戦争を挟んで、満州事変を境に事実上の交戦状態に入り、さらには蘆溝橋事件によって全面戦争となった日中戦争とは一体何だったのか、を問うことの意味は頗《すこぶ》る大きい。中国に向き合いながら近代国家の道を歩んできた日本人として、そのことを絶えず問い直す作業が求められているように思う。

そうした作業は様々な領域で行われてはいる。けれど私は、その作業において日本がいったい誰と戦争をし、誰に敗北したのか、という歴史事実の確認を優先し、現在の視点から、どのように認識するのか、というスタンスが重要だと考えている。本書の後半である第三章と第四章のなかで、この点についての私の思いを綴っていく。そこに、日本の敗北は近代日本国家が行った全ての戦争の〈敗北〉ではなかったのか、という思いをも含ませている。

近代日本国家に孕まれた国家体質や国民の対外認識、特に対中国認識のなかに、戦争という国家暴力を事実上許容してしまった原因が潜んでいるのではないか、ということである。戦争の原因と敗北は、そうした対外認識、なかでも対中国認識の偏見と誤解の結果ではなかったのか。これが本書を貫くテーマである。

なお、最初に断っておくが、日中戦争とは通常は満州事変を起点とし、日本の敗北に至るまでを指す。これを特に「日中十五年戦争」と呼ぶ。しかし、本書では、台湾出兵から日本敗北に至る連綿と続く日中間の戦争を指すことにする。確かに、本書は日中十五年戦争期を主な対象期としてはいるが、日本及び日本人の対中国認識を全体として捉えることから、対象期を広く設定しておきたい。

2　日本人と中国人の歴史観

日中全面戦争の開始

北京市郊外に位置する永定河《えいていが》にかかる石橋である蘆溝橋（マルコポーロブリッジ）を挟んで中国軍と日本軍との間に軍事衝突が起きた。一九三七（昭和一二）年七月七日のことである。この歴史事実を日本では蘆溝橋事件、中国では七・七事変と呼ぶ。

蘆溝橋事件は北平（現在の北京）西南郊外の豊台に駐屯する支那駐屯軍歩兵第一連隊第三大隊の第八中隊が永定河付近で演習中に、〝中国軍陣地のある方向から実弾が撃ち込まれた〟ことから端を発した。だが、事の真相は定かでない。

誰が何の目的で実弾を放ったのか、現在まで依然として諸説がある。はっきりしているのは、この言うならば謎の実弾飛来を理由にして、日本軍が中国軍に攻撃をしかけたことだ。そして、事件処理

盧溝橋の前で（著者　2008 年 10 月）

をめぐる日中両軍の駆け引きと、さらには日本の軍中枢において事件処理をめぐる対立が浮き彫りにされたことである。

さらにもっと大きな問題がある。謎の銃弾飛来から、結局は日中全面戦争へと発展していったことである。ここでの論点は二つある。一つには、銃弾の飛来による損害がなかったにも拘わらず、なぜ日本軍は中国軍に攻撃をしかけたのか。そして、二つには中国の首都近郊に、なぜ日本軍が駐屯し、中国陣地に攻撃をしかける機会を狙っていたのか、という素朴かつ重大な問題である。

この問題に関して、戦後日本の近代史研究は真剣に向き合ってきた。歴史研究者だけでなく、多くの日本人にとっても、関心を寄せてきた問題でもある。中国でも歴史の捉え方など、日本との違いはあるものの、同じであろう。しかし、現代の日本において、そうした問題への関心が薄らぎ始めていることも確かであろう。実は「愛国教育」の一環として、特に歴史教育に力を注いできた革命以後の中国でさえ、これまた同様であろう。

特に日中両国の青年層においては著しいのではないか。ましてや蘆溝橋から遠い距離にある日本においてはである。

日中全面戦争の開始を告げることになった蘆溝橋での両軍の衝突は、それよりも大部前から日本側によって準備されたものと言える。近代日本は、欧米諸列強との競合のなかで、隣国中国の資源と市場の争奪戦に果敢に参入していった。そのために強力な軍隊を保有し、軍事官僚が勢いを増し、軍事機構が膨らんでいった。

蘆溝橋事件で、日本軍が中国軍に攻撃を仕掛けたのも、それより先に日本軍が中国の首都近郊に駐屯していたのも、近代日本という国家に刻み込まれた侵略思想や侵略主義があったからであろう。遡《さかのぼ》れば一九〇〇年に起きた義和団事件を機会に駐兵権を得た日本は、敢えて言うならば、この時から中国制圧の機会を窺っていた。いくつもの戦争を経て、美しい石橋に魅せられるように、日本の駐屯軍は、この地から宿願であった中国の制圧に踏み切ったのである。それは同時に、日本の大いなる過ちの始まりであり、敗北への道であった。

蘆溝橋事件から日本の敗戦に至るまで、当時の日本の軍部指導者や数多の日本人は、いったい中国や中国人をどのようにみていたのであろうか。広大な土地と巨大な人口を有する中国を、どうしようとしていたのか。中国との関わりのなかで、日本はどう変容を迫られたのだろうか。

発展と失敗の歴史として日本現代史を追ってみた場合、日中戦争は丁度その転換点に位置している。軍事力を前面に出した近代日本の発展の歴史が、結局敗戦という形で失敗に帰した歴史事実を現在の視点から問うことは、近代日本の歩みをいまいちど洗い直すことになるのではないかと思う。

「反日運動」と「愛国教育」

記憶が遠くなりつつあるが、二〇〇五年三月から四月にかけて中国各地で、いわゆる「反日運動」があいつぎ発生した。ことの始まりは、三月末に広東省の省都である広州市で学生たちが、日本の国連常任理事国入り反対の署名活動からであったとされる。

今回の「反日運動」をいま振り返ると、戦前期の五・四運動（一九一九年）や五・三〇事件（一九二五年）を想起してしまう。前者は、一九一五年一月一八日、日本政府（大隈重信内閣当時）が中国政府に突きつけた「対華二十一ヵ条約」の解消を訴え、日本が取得していた山東権益の返還が、第一次大戦後のベルサイユ平和条約締結の際にも実現しなかったことを機会に、北京の学生たちが激しい反日運動に立ち上がった事件である。後者は、上海の日本紡績工場の差別的な労務管理に反対する大衆的な反日運動である。

一連の運動の起点は、日本が中国への強硬姿勢を露わにしつつあった明治の時代から幾度も起きていた。この二つの「反日運動」は、労働者や学生が運動の主役として登場し、中国政府の対日政策に大きな影響を与えた点で画期的な事件とされる。

二つの「反日運動」以後、中国民衆の対日感情は悪化の一途を辿った。「反日」から「排日」、さらに日中全面戦争開始以後は「抗日」とエスカレートしていく。日中全面戦争開始以後、「抗日」の名の下に中国民衆は、日本軍を敗北に追い込んでいったのである。

二〇〇五年の「反日運動」と戦前期のそれとの単純な比較は慎むべきかも知れない。だが、戦前期に培われた中国人の日本に向けて発せられる、言わば歴史の感情は、ある種のメッセージを持った政治行動として噴出しているように思われる。

ところが中国人が抱く歴史の感情への配慮は、現在の日本政府及び日本人に余り見受けられない。たとえば、事件の原因に、中国の昨今の驚異的な経済発展に伴う格差拡大に不満や不平を抱く人々が、その捌け口として「反日」に駆り立てられた、とする説が盛んに論じられた。中国国内における諸矛盾を棚上げするため、中国政府が目論んだ「官製デモ」だと言うのである。

このことを全面的に否定できるものではない。だが、そうした側面だけからは、事態の真相は見えてこない感じもする。加えて、日本のメディアや知識人・言論人と言われる人たちの多くが口にした原因論がある。中国の「反日暴動」は、中国が文化大革命以後に進めてきた、いわゆる「愛国教育」の結果だとする批判だ。

「愛国教育」は、中国政府によって指導された中国人の国家意識を喚起することを狙いとした一大政策である。かつての抗日戦争勝利などの歴史事実を学ぶことで、中国人のあらたな国家意識を呼び起こす工夫がなされている。要は、中国国民としての一体感を生み出すための歴史認識が繰り返し説かれてきたのである。

確かに、中国では日本と同様に国定教科書（日本では検定教科書というが、実質は国定教科書である）を用いる。教師用の指導書には、「抗日戦の英雄たちの愛国精神を学ばせる」とし、「愛国教育」の目的を明らかにしている。そのことをもって「愛国教育」と「反日教育」とを結びつけるのは、少々無理があるように思われる。

ならば、「反日運動」が発生した背景は、一体何だったのだろうか。私は、この「反日運動」あるいは「反日デモ」を、ことさら中国の国内問題として片づけてしまうのは、事態の真相を充分に把握したことにならないのではないか、と思っている。デモの参加者たちは都市在住の群衆（＝「中間層モブ」）であり、さらには農村から都市に流入した出稼ぎ労働者や、中国では「待業青年」と称される失業青年たちであった、とする分析がある（高原基彰『不安型ナショナリズムの時代』洋泉社、二〇〇六年）。この点だけを取り上げれば、国内問題だと片付けてしまうのは容易い。

だが、今回見られた中国青年層の怒りの矛先が日本に向けられた事実の背景を考えておくべきではないだろうか。中国では、都市部青年層において、すでに韓国と並ぶネット社会が形成されている。中国の官製メディアによる一方的な情報受信だけでは飽き足りない青年層が、ネット上で多様な話題を果敢に飛び交わせている。

生活経済の環境がドラスチックに様変わりするなかで、自分自身と周りの者たちが、豊かになっていき、中国人としてのプライドや国家意識が何も国家による教育を介さなくとも高まっていくのは、自然の成り行きであろう。大国意識を抱き始めた青年学生層の拡がり、同時に数多の矛盾や限界に苦しむ青年層が、電子媒体によって、ある種の連携を創り出す環境のなかにいるのでは、と思われてならない。

そうした環境変換のなかで、彼ら彼女らにとっては、中国が発展していくなかで浮き彫りになってきた経済格差の一因に、隣国の日本が深く関わっているのではないか、とする思いがあるようだ。つまり、日本や欧米諸国との経済関係の深まりが、中国の経済発展の要因であると同時に、一方では国内における経済格差の拡がりを招く要因ともなっているのでは、とする見方である。

とりわけ経済関係の進展が著しい日本への距離の取り方について、中国の青年層は難しい局面に出会している。複雑な問題だが、曖昧な態度は採ることはできない、とするのが中国青年層の共通の対日認識となっているのではないか。

そこでは最大の懸案とも言うべき歴史問題が、経済や政治の判断を優先するあまり、一貫して棚上げにされてきた。日本も中国も、それぞれの国内事情から歴史問題への関心あるいは追求は、手控えられてきた。

そうしたなかで歴史問題の扉を果敢に押し広げた中国の青年たちは、かつての日本の侵略の歴史を踏まえつつ、日本に歴史の清算を迫ることによって、被害意識から解放されることを求めているのではないだろうか。ある程度の豊かさを手にし始めた中国人たちの多くが、これまで何にも増して優先してきた日本や欧米との経済関係の見直しを始めているのである。

そうした動きのなかで、歴史問題への関心が浮上しているのではないか。謝罪の言葉を繰り返す一方で、依然として歴史に正面から向き合おうとしない日本政府及び日本人への不満が蓄積されてきたことも確かであろう。つまり、中国との戦争の評価を明らかにしようとしない日本政府や日本人に対する中国青年たちの深い苛立ちが、あのような「反日デモ」の形で表に現れたのではないか、ということである。

中国の青年層が時として日本人を指して口にする「小日本《シャオリーベン》」の言葉に、かつてのような侮蔑の感情が込められているとは決して思わない。だが、彼ら彼女らが歴史の問題と合わせて「小日本」と言い放つ時、そこにはやはり苛立ちや怒りの感情の一端が含まれているのではないか。

私自身、毎年中国に出かけ、大学生や研究者との交流を重ね、対話に多くの時間を費やしてきた。そうしたなかで、私はいまなお日中両国の人々が、封印状態こそ形式上解かれたとしても、本音で闊達に議論する、情報交換するというレベルには達していないことを痛感している。自由闊達で生産的な議論の応酬が成立してこなかったことは、両国それぞれの事情があったことは言うまでもない。

確認しておきたいことは、どのような事情があれ、日本と中国との間には、取り分け両国の民間レベルでの自由な議論の蓄積が国交回復後、三五年という年月の経過にも拘わらず、あまりにも不十分ではなかったか、と言うことである。両国間は膨大な量の物流だけでなく、沢山の日本人観光客が訪中し、日本人の中国留学生が二万人以上、中国からの日本留学生が九万人以上となるなど、夥しい人流が行き交うというのに。

また、最近の新聞報道によれば、日本に滞在する外国人の総数は、二〇〇七年末段階で二一五万二九七三人となり、そのうち最も多いのが中国籍の六〇万六八八九人で、韓国・朝鮮籍の五九万三四八九人を上回ったとしている（『朝日新聞』二〇〇八年六月四日付朝刊）。

その不十分さの原因は、何であろうか。私が考えるには、両国の人々の自由な議論を妨げているのは、やはり歴史問題が大きいのではないか、ということだ。それを課題として受け止め、歴史という過去と現在を繋げる橋が、同時に中国と日本の過去と現在を繋げる橋として見直す訳にはいかないだろうか。

乖離が生まれる理由

先ほども触れたが、中国の青年学生を中心とする「反日デモ」の背景には、日本のメディアや言論人が盛んに指摘したような、日本を敵視する「反日教育」が行われてきたのだろうか。ここで言われた「反日教育」とは、おそらく一九九五年以降、中国政府が力を入れてきた「愛国教育」を指しているのであろう。

しかし、中国での「愛国教育」は、もっと歴史が古い。一九八一年二月二五日、全国総工会を中心とする九つの団体が連合して「礼儀作法の促進活動に関する提言」が発表され、青少年に向けて「五講四美」活動が奨励されたことから始まる。「五講四美」とは、一口に言えば、人間としての品格を獲得するためのスローガンである。その後、このスローガンに「三熱愛」の運動が結合する。そして、一九八三年三月一一日、中国政府は万里（当時、全国人民代表者会議委員長）を主任とする「五講四美三熱愛委員会」を設立した経緯がある。

問題は、後から追加された「三熱愛」である。「三熱愛」とは、祖国中国を愛すること、中国社会主義を愛すること、中国共産党を愛することを求めたものである。

そこで「三熱愛」の根拠とされ、盛んに取り上げられるのが、中国共産党の成立（一九二一年七月一日）から、毛沢東率いる中国共産党と蔣介石率いる中国国民党との間に起きた国共内戦（一九四五年～一九四九年）に勝利し、中華人民共和国が建国（一九四九年一〇月一日）されるまでの二八年間の歴史である。

なかでも最も強調されるのは、盧溝橋事件（七・七事変）から開始された日中全面戦争で中国共産党に指導された抗日戦争勝利の歴史である。中国共産党及び中国政府が正当性を獲得し、信任を確保していく歴史的根拠として抗日戦争勝利は決定的な意味を持つ。内戦に勝利した中国共産党政府への確かな支持を求めているのである。

ところで、「愛国教育」の目的を知る上では、一九九四年八月二三日に中国共産党の名で発表された「愛国主義教育実施綱要」（全八項目、四〇条）が重要である。そこには、「愛国主義教育を展開する目的は民族精神を高揚させ、民族の凝集力を増強し、民族の自尊心と誇りを樹立する」（『人民日報』一九九四年九月六日付掲載）と記されている。

北京の「中国人民抗日戦争記念館」を筆頭に、中国各地には日中両軍の交戦箇所や南京の「侵華日軍南京大屠殺遇難同胞記念館」、七三一細菌部隊の罪状を告発する資料館であるハルピンの「侵華日軍第七三一部隊遺址」のように日本軍により犠牲を強いられた現場に数多くの、しかも規模も比較的大きな戦争資料館などが建立されている。

これらの施設は「愛国教育基地」と呼ばれ、全国民的な教育実践の場として参観を含め、徹底した教育が施されている。抗日戦争による犠牲と勝利の上に、今日の中国が建設されたことを中国民衆に周知徹底するためであろう。

中国では日中戦争の歴史体験の継承が、中国人としてのアイデンティティを深めるうえで不可欠な作業となっているのである。そのことは直ちに反日感情や嫌日感情を生み出すものではない。それが意図されている訳でもないはずだ。

それゆえに日本のメディアが好んで取り上げる「反日デモ」と、こうした主旨の「愛国教育」を結びつけて捉えようとするのは、抗日戦勝利を主要な素材とする「愛国教育」を否定ないし批判する姿勢が、どこかに潜んでいるからだ、と中国側に受け取られてしまうことになりかねない。

別の言い方をすれば、中国政府が「愛国教育」によって反日感情を煽り、それを外交カードとして使っているのではないか、という繰り返された日本側の反論や反応には、戦争責任が未決着である、という実は触れられたくない自己認識が働いているのではないか、と言うことである。

しかし、だからと言って中国側で盛んに行われている「愛国教育」が、純粋に中国人の愛国心喚起だけに作用しているとも言えない。中国政府の意図とは別に、結果的にそれが「反日」あるいは「排日」への感情を引き起こす素材や場を提供していることも指摘せざるを得ない。

言い換えれば、過去の苦難の歴史を乗り切った過去の遺産を通して、中国人としてのアイデンティティを深めるための「愛国教育」が、苦難の歴史を強いた日本への複雑な思いとなって、時として表に顔を出してしまうのである。どのような主旨の下に行われようと、「愛国教育」は、常に他者への批判や反発の感情によって支えられる性質を持つものである。

ここでひとつ中国の言論界で表れた中国青年層の歴史認識に関わる議論を紹介しておきたい。と言うのは、日中の青年層の歴史認識の乖離という問題とは裏腹に、実は中国側でも青年層の歴史認識に関して「愛国教育」の成果を疑問視するような事態が生じているのである。

それは『中国青年報』（一九九五年七月一七日号）に掲載された馬小華による「歴史は私と何の関係があるのか」と題する論文である。同紙は中国共産党青年同盟の日刊機関紙である。発行部数は約七五万部程だとされている。その中で印象深い一節を紹介しておこう。

一人の中国の青年が日本の中国侵略について問われ、その事実を全く知らないという表情を満面に表し、その一方で海の向こうの島国では、教科書で子供達に、それは〝進出〟だと教えている人がいる。歴史を忘れた一国の青年と、嘘の歴史を受け入れた青年との間に、本当の付き合いや理解、あるいはお互いが切磋琢磨しようということはあるのだろうか（原文は、「当一位中国少年被问及日本侵华战争而一脸茫然时，在大海那一边的岛国，却有人用教科书告诉孩子们那叫作〝进入〟。在一国忘记了历史的年轻人与一国接受了伪历史的年轻人之间，真正的交往，理解，竞争该如何进行呢？」）

『中国青年報』1995年9月4日号

つまり、日中双方の青年層に共通する歴史の忘却あるいは歴史からの乖離という問題だ。より正確に言えば、中国青年の歴史の忘却と日本青年の歴史の歪曲である。忘却と歪曲によっては、当然ながら相互の歴史認識の深まりは到底期待できない、と同時的に批判しているのである。

馬論文の基本スタンスは、「一人の人間は記憶を通してはじめて完全に自己を認識することができる。そして、一つの民族は、歴史を通してのみ、はじめて自己を意識することができる」（原文は、「一个人只有通过记忆才能完全地意识到自己，一个民族只有通过历史才能完全意识到自己。」）の箇所に表現され尽くされているように思われる。

どのような歴史であれ歴史の事実を正確に記憶することが、全ての前提となる、ということであろう。歴史の忘却と歪曲とは、自己を意識する機会を自ら放棄する行為に等しく、それは馬に言わせれば「民族精神」の忘却であるとする。

私は、この馬論文から、かつて頻繁に引用されたワイツゼッカー・ドイツ大統領（当時）の言葉を思い出す。「過去に盲目なる者は現代にも盲目である」と言う有名になった、あのフレーズである。

ワイツゼッカーは、一般論としての歴史観を述べたのではない。ナチスの犯罪、ドイツの過去の歴史に段々と関心を示さないか、あるいは無視を決め込むドイツ青年に向かって放たれた言葉が、それである。ドイツ国内で拡がりつつあった、ナチス賛美の声やトルコ移住民などに敵意を剥き出しにするドイツ国民に向け、排外ナショナリズムを諫《いさ》め、自省を促した言葉であった。

現在、中国政府が押し進める「愛国教育」は、馬論文で指摘されたような歴史の忘却という深刻な事態が潜在していることを証明するものであるかも知れない。歴史を記憶する行為や自らの依って立つ地点が、どこにあるかを確認するための基本作業としているのである。つまり、日本にしても、中国にしても、未来を背負う青年層のなかに、歴史と真剣に向き合う姿勢のようなものが欠落し始めている、と言うことだ。

対日感情の複雑さ

中国においても青年層の歴史認識に、ある種の揺らぎが見出される背景の一つに、彼ら彼女らを取り巻く情報環境の変容ぶりを指摘することは容易いことだ。

中国では現在、およそ一億一〇〇〇万人がインターネットを利用しており、約三億八〇〇〇万件以上の携帯電話契約があると言う。特にネットの利用率は高校生と大学生のうち九〇％に達している。二〇〇五年のデモの場合も、こうしたツールが果敢に使用され、一気にデモが全国各地に拡がっていった。言うならば、大学生を中心とするネット世論あるいはネット社会が形成されており、デモ参加への呼びかけは、短時間かつ持続的に行われたようだ。

たとえば、中国でも最大級の規模を誇るポータルサイトの新浪網では、中国共産党の機関誌『人民日報』の公式見解よりも、対日批判のトーンは格段強いという（劉志明『中日传播与舆论』ＥＰＩＣ、二〇〇一年）。中国政府も、このネット世論を無視し得なくなっていることは事実である。一方でたとえば、中国国営新華社通信社発行の新聞である『国際先駆報』が「アサヒビールなどの企業が歴史教科書事件に関与している」（二〇〇五年三月二八日号）とする記事を掲載した。それがネットを通して青年層に伝わるや、日本企業への反感が醸成された事実などを見ると、中国政府もネット世論を巧みに使っている、という見方は的外れではない。

私の中国体験からも言って、中国の青年層の対日感情は極めて複雑である。決して一様ではなく、いわば斑《まだら》模様《もよう》のように、多様な感情を示す。日本政府が一貫して求めている国連常任理事国入りへの支持は、日本国内では強いようだ。常任理事国入り実現の可能性は依然として低いとしても、仮に実現したとして、日本の中国や他のアジア諸国に対する加害行為が許されることになると捉えるべきではないであろう。

同時に、歴史認識や歴史解釈は一様ではないことを理由にして、日本に都合のよい歴史解釈を採用することも慎むべきではないか。その多様性をお互いに認め合うなかで、歴史認識共有への道を一歩ずつ確実に歩むことが大切に思う。

確かに、日中両国の歴史の捉え方はだいぶ異なるかも知れない。中国側の幾つかの議論を通して共通していると思われるのは、基本的に日本政府及び日本人の歴史の捉え方の希薄さへの不満である。歴史を教訓にしていれば、現在のような対中国姿勢はあり得ないと考えているからだ。

中国人にしても、歴史への向き合い方は多様であろう。中国共産党政府指導部による抗日戦争へのある種過剰なまでの自己評価には、ストレートに受け入れ難い部分がないわけではない。だが、抗日戦争の歴史体験を通して、二度と同じ体験を味わいたくないという切実な思いは伝わってくる。その思いは、一九七二年の日中国交正常化の折りに、中国政府が日本政府に戦争賠償を敢えて求めなかったことに繋がっているように思われる。

中国政府は、成長軌道に乗り始めていた日本人に、莫大な戦争賠償金を請求することが、日本の経済発展と平和構築の機会を奪うのではないかと考えたのではないか。日本が経済発展と平和構築を果たすことは、同時に日中不戦の歴史を獲得できる手段だと判断したのである。

その思いは、一方で日本の平和努力を強く求める動きとなって、日中国交回復以後に表れる。たとえば、一九八二年の教科書問題や、一九八六年八月一五日における中曽根康弘首相の靖国神社参拝などの折りに、中国政府が激しく反発して見せたのは、少なくとも中国側からすれば、平和努力に反する行為と映ったのである。

一九八六年九月、私は南京市を訪れ、南京事件（一九三七年一二月）に関わる一三カ所に建立されたモニュメントを調べ歩いた時である。河海大学のキャンパス内に建立された「清涼山　遇難同胞記念碑」には「居安思危《ヂューアンスウェー》」の文字が刻み込まれていたことを思い出す。

平和の時にこそ、苦難の時代と歴史を思い起こし、心に刻むことの大切さを説いているのである。それはまた、マレーシアやシンガポール（当時英領マラヤ）の戦跡や戦争資料館を訪ね歩いた時に耳にした“Forgive, but not Forget”（許そう、されど忘れまじ）の言葉に通ずる。

そのような歴史観を強く抱く中国人からすれば、日本人は歴史を放棄あるいは否定しようとしていると映ってしまうのではないか。ここに日中両国民レベルでの歴史認識の格差があるように思われてならない。

そこで次に、もう一度歴史を取り戻すために、特に近代国家の日本人が中国をどのように捉えようとしていたかを追ってみよう。日中戦争とは何だったのか考えるためには、日中関係及び両国民の相互認識はどのように成り立ってきたかを知る必要があるのではなかろうか。

第二章　日本人は中国をどう見てきたか

1　対中国観の萌芽

「大陸国家日本」という願望

二六〇年近く続いた徳川幕府の時代が終わり、長州と薩摩を中心とする倒幕運動により、あらたな政権が成立する（一八六八年一〇月二三日、明治に改元）。明治国家は地方分権制とも言うべき封建制を解体し、徹底した中央集権制を敷こうとした。中央集権制国家としての形式を整え、一元的支配の下で欧米諸列強の圧力に対応する「国民国家」の形成を急いだのである。

「国民国家」を形成するため、明治政府は相次ぎ政策を打ち出す。特に注目されるのは、一八七二（明治五）年九月五日に学制を公布し、翌年一月一〇日に徴兵制を公布したことであった。この二つの制度が相次ぎ整備されたのは、単なる偶然とは思われない。

明治国家が中央集権国家に相応しい軍事力を整え、西欧諸列強の圧力を跳ね返し、西欧諸列強のアジア進出に対抗してアジア諸地域に打って出るには、大量の兵士の養成が急務とされた。そこで、学制により、全国津々浦々に学校を創り、国民の識字率を上げ、等質の兵士予備軍を大量に確保する手だてが学制の重要な目標だったのである。

それゆえ、学制と徴兵制とはコインの裏表の関係にあったと言える。それが「富国強兵」のスローガンによって、事の本質が覆われていく。「富国強兵」とは、軍事力による権力の補強策であり、欧米諸列強への対抗を口実とするアジア侵略の手段として位置づけられていたのである。

それで日本を大陸にも根を張る「大陸国家」として飛躍したいとする願望は、いつごろから、誰によって提唱されていたのだろうか。私は、幕末期あたりから原型を見出すことができるのではないか、と見ている。勿論、大陸国家日本への願望を語った議論は一様でない。軍事力による強面な侵略主義を堂々と説いた議論もあれば、アジア諸国民との連帯と協調により、「アジアの指導国日本」という構想を提起した議論もある。

幕末期の議論が昭和初期のアジア大陸侵略思想へとストレートに繋がっているわけではない。それでも、欧米諸列強の圧力を感じ取っていた当代の知識人の多くが、これに刺激されながら将来の日本の有り様を議論するなかでアジアへの関心を深めていった。そのなかで、最も大きな関心対象地域が中国であったのである。

これら議論を一括して「アジア論」と呼んでおく。アジア地域への西欧諸列強による進出および植民地化という事件に触発されて、様々な「アジア論」が提起された。最終的には、大陸侵略思想の形成に結果していったのである。それで日本及び多くの日本人に潜在するアジアへの眼差しの根底に、ここで言う「アジア論」が色濃く反映されているのではないか、と思う。以下、主な「アジア論」の系譜を辿ることで、日本人の中国観の原型となったと思われる議論を追っておきたい。

林子平と本田利明

主な「アジア論」では、技術面における西欧化に逆らうかのように、精神面での反欧米化が目立つことになる。日本国家中心主義という意味での国家主義が教育の現場を含め、あらゆる場に浸透していった。

国家主義の萌芽は、幕末期の知識人の著作のなかに露見される。西欧化への対抗の思想として浸透していった国家主義の思想には、同時に西欧への憧れという要素をも孕んでいた。すなわち、西欧が豊かな技術力と資本力とで、世界を席巻していく様は、脅威の対象であると同時に、文字通り、憧れの対象でもあったのである。

この相反した感情が、西欧諸列強のアジア進出への対応という文脈のなかで、日本の自立と防衛のために、日本もまた中国を中心にアジアの地で覇権を唱えることを必要だ、とする主張に繋がっていったと捉えられないか。決して自己弁護するのではない。だが、そのような主張の根底には、複雑な日本人の感情が横たわっている。

そこで、日本人の感情を思想のレベルまで高め、後世の日本人に一定の影響や示唆を与えた幕末の思想家たちに登場願おう。彼らの思想の一端を追うことで、なぜ日本及び日本人は中国への接近を果たそうとしたか、の一端が理解できるのではないか。

幕末期日本の知識人が著した書物のなかで、本格的な軍事外交論を展開した人物に林子平（一七三八～一七九三）と本多利明（一七四四～一八二一）がいる。林は江戸後期に『三国通覧図説』（一七八五年）や『海国兵談』（一七九一年）を、本田は『西域物語』（一七九八年）や『経世秘策』（同上）を著した。二人は高校の教科書にも登場する著名な人物だ。

林は南下政策を進めるロシアの脅威と隣国の巨大国家中国の潜在的脅威への対抗から海防論を主張した。林は江戸の生まれだが、長崎に遊学し、そこで海外事情に長じるようになる。当代随一の海外通と称されたようで、ロシアの脅威に対抗して蝦夷地（北海道）開拓の必要性を強く訴えた。明治国家成立当初、脅威対象国としてロシアと中国が意識され始めた。林は早くも巨大国家への警戒心を説いていたのである。軍備の充実と沿岸防衛（海防）の整備によって警戒心は解消されるとし、軍事国家日本の建設を主張した。

林の主張は『海国兵談』に余すところ無く盛り込まれた。だが、その内容が幕府の外交軍事政策を逸脱したものであったことから、禁固に処せられてしまう。巨大国家に対抗するに、海防国家をもってするという国家戦略論は、閉鎖的な国際観念しか持ち得ていなかった幕府からすれば、途方もない主張と映ったのであろう。

林の軍事至上主義の採用による強面の軍事外交論に対して、本田利明は、中国・朝鮮に限定されないアジア全域を視野に入れた貿易立国論を説いた。林の軍事主義との対比で言えば、経済合理主義とでも言い得る主張である。林は国防上の観点から、蝦夷や琉球と並んで朝鮮を緊要の地と位置づけ、ロシアの脅威への対抗から朝鮮を領有する必要性をも説いた。本田は、経済的自立への道を説き、非軍事的手段による日本の発展を志向する。

経済的自立の基盤として海洋を利用し、東南アジア地域をも含めたアジアの地に日本の発展の基盤を求めることを強調したのである。それは明治初期から登場する「南進論」の萌芽とも受け取れよう。

一方、本田は江戸で和算や天文学を学び、諸国を歴訪して物産などを調査し、富国策として開国交易論などを主張する。当代にあっては、極めて先進的で独創的な重商主義者として知られた。実は本田も蝦夷地開発を盛んに唱えたが、林のような軍事拠点としてではなく、経済拠点としてであった。

こうした点だけを強調すると、軍事至上主義と経済合理主義との差異は明らかである。しかし、二人の主張は、明治国家によって、軍事主義と経済主義の同時的な採用という形で摂取されていく。それが「富国強兵」策である。軍事主義と経済主義とは決して対立的な関係にではなく、明治国家という車の両輪として位置づけられていた。林の軍事至上主義は、特にロシア脅威論と朝鮮領有論に集約された。

それはまた、明治初期から中期にかけ、華々しく展開される大陸侵略思想の源流ともなる。本多の主張は、海軍の軍事官僚を中心に主張される、「南進論」の出発点となったと言えよう。

林は鎖国の不利益を鋭く指摘し、鎖国政策の見直しと国防思想の普及を第一の目的とすべきだと主張した。それゆえ林の主張は、一種の開明思想の部類に入るものされてきた。これに対し、後の天皇制国家を支える日本民族優越主義を基底に据え、極めて鮮明な侵略主義を展開した思想家として佐藤信淵（一七六九～一八五〇）がいる。佐藤は蘭学を宇田川玄随に、国学を平田篤胤に学んだ。当代一流の蘭学者と国学者に師事するという恵まれた環境を得て、西欧主義と国家主義、あるいは近代主義と絶対主義という幅広い思想を身につける。

佐藤は、『宇内混同秘策』（一八二三年）のなかで、「皇大御国《すめらのみくに》は、大地の最初に成れる国として世界万国の根本なり」と論じた。佐藤の議論を捉えて、「日本が世界の中心国であり、世界の全ての地域は〈皇大御国〉＝天皇制国家日本に従属し、天皇こそ唯一の支配者であるとする強烈な自民族至上主義を主張した」（橋川文三・松本三之介編『近代日本政治思想史Ⅰ』有斐閣、一九七〇年）と評されたように、絶対主義的な思想家と見なされがちではある。

佐藤は続けて、天皇制国家日本に最初に従属すべき地域は中国であるとする。その手始めに、「支那国の満州より取り易きはなし」と記し、中国東北部（満州地域）の「奪取」を提言する。もっとも佐藤の長期的な国家戦略は、中国東北部を日本が「奪取」し、ロシアの脅威から解放されてから後、日本の国力増進のための経済的適地として東南アジアへの「南進」を説いていた。

要するに、佐藤のなかでは軍事至上主義と経済合理主義とが、何ら矛盾なく結びついていたのである。そこから生まれる暴力による収奪という矛盾は、「天皇制国家日本」の行為ゆえに解消される、とでも主張するかのようであった。

こうした考え方は、長らく日本の知識人や日本人一般のなかに共通して見出されるものであったように思われる。

それは、ロシア脅威という危機設定のなかで、中国の「奪取」が天皇制国家にとって不可欠の目標とされた点で、後の日本陸軍の満州占領計画の動機づけと酷似する。事実、一九二〇年代後半から三〇年代初頭にかけて、軍部や右翼らを中心とする大陸侵略行動の画策のなかで、佐藤の侵略思想が繰り返し借用されることになったのである。

たとえば、民権論者であった杉田鶉山《じゅざん》（一八五一～一九二八）は、『東洋恢復論』（一八八〇年）や『興亜策』（一八八三年）のなかで、専制権力による圧政からアジア人民が解放されるためには、連帯を通してアジアの地でも民権論の拡張が不可欠と説いていた。朝鮮・中国をはじめとするアジアは、支援の対象であっても、決して侵略の対象ではなかったのである。少なくとも彼の頭のなかでは、「連帯」を求めることが「侵略」に結果していくことなど、夢想さえできなかったのであろう。

大日本帝国憲法制定以後、専制権力の性格を露わにしていく明治近代国家の変容ぶりへの警戒心が杉田には全く無い。明治憲法体制が敷かれていく一八八九（明治二二）年以前にあって、西欧諸列強のアジアへの圧力を跳ね返すために、アジアは支援と連帯の対象であったのである。

杉田ほど明確なスタンスを持ち得なかったにせよ、他の民権論者にほぼ共通する目標は、明治政府の専制権力打倒とアジア地域における専制権力からの人民の解放であった。人民の解放こそが、民権論の政治目標として強く意識されていたと言える。しかしながら、民権論が国権論に取って代わられるなかで、日本にとって中国をはじめとするアジアとは、支援と連帯の対象から収奪と覇権の対象へと位置づけが変えられていく。

杉田に代表される対中国（当時清国）観も段々と変化を来すことになる。彼は中国訪問の体験のなかから、日本からの支援や連帯によっても中国人民が自力で専制権力を打倒する能力は、皆無とする判断を示すようになる。同時に中国の封建的な専制権力は、西欧諸列強の侵略に抵抗することも不可能とする結論を編み出していく。

むしろ杉田は『東洋攻略』（一八八六年）のなかで、西欧諸列強の侵略の対象は日本に向けられることは早晩必至であり、中国支援に精力を割《さ》くよりも、「寧《むし》ろ我を進んで之を取り、その仲間にはいる」ことで、西欧諸列強の侵略を回避すべきであると論じるようになる。支援と連帯の対象地としてのアジア認識の放棄が、ここに始まる。自由民権論者杉田のアジア認識における、言わば転向がなされたのである。中国の現状を見たことから発する中国への差別・蔑視観念が、西欧の近代化の実際を見聞するなかで培われたとも言えようか。

杉田は、西欧諸列強により半植民地状態に置かれ、しかも封建的専制権力による資源の不平等な分配が、中国の政治的かつ経済的混乱の根本的原因であることを読み込もうとはしなかった。西欧の近代化との対比のなかで、近代化の立ち後れが目立つ中国の現実を解釈していたに過ぎないと言えよう。

杉田の主張の根底には、西欧諸列強が資源供給地として植民地経営に乗り出したと同様に、日本の近代化のためには中国・朝鮮を侵略し、西欧流の近代化を緊急の課題と設定することがより重要だとする、結局は紛れもない侵略思想が息づいていたのである。こうした杉田の主張からも理解されるように、アジアの犠牲のうえに日本の近代化＝「一国繁栄」を獲得しようとする国家エゴイズムに直結する侵略思想が、近代化の論理によって養われる素地が見出される。

おそらくこの杉田の議論は、近代史における日本人が抱く対中国認識に通底していくものであった。自らが犠牲を強いられる前に、他者（この場合は中国）に犠牲を強いることで、犠牲の可能性から解放されたい、さらには日本の発展に帰結するとすれば、敢えてその方法を選択しようとする心情である。それは自らの犠牲を転嫁する対象として中国を視野に入れようとする対中国認識という形で捉えられていく。西欧諸列強の侵略への脅威は観念としては存在し得ても、それ以上にアジアを犠牲にし、アジアを収奪することで近代国家日本の建設を果たすことが正当な論理として定着していったと言える。

権力争奪の一手段としての大陸侵略という位置づけに加え、〝近代化のための侵略〟という内容も含み込んでいた。言わば〝近代化のための侵略〟なる認識が民権論者ばかりでなく、支配層や多くの国民のなかに浸透し始めていたと言えよう。

〝近代化のための侵略〟という認識は、今日における開発独裁論と類似する。開発独裁とは、近代化（＝開発）を急ぐために、政治の民主化を先送りし、独裁体制（＝権力の一元化）を敷き、国家が経済発展の統制役を果たす、という考え方である。そこには、開発を全てに優先するためには、他者（国内であれ国外であれ）への犠牲を厭わないという発想が付きまとう。そこから派生するのは、暴力行使への肯定感と差別意識の定着である。

大陸侵略思想が常に中国・朝鮮への蔑視・差別感情を基底に据えていたことは、ヨーロッパ近代思想を身につけ、日本国内にあっては自由党左派の理論家として鳴らした大井憲太郎（一八四三〜一九二二）にも共通する。韓国独立党が朝鮮封建社会を打倒し、朝鮮社会に民権を拡大することを目標とした自由党左派の動き（大阪事件　一八八五年一一月二三日）の中心人物の一人となった大井は、人間の本質的原理である「自由」を獲得する手段として、民権論の拡張が不可欠と考えていた。その「自由」の機会を奪う専制権力を打倒することは、一国の問題としてではなく、人類普遍の課題とする。そうした認識から韓国独立党への支援が企画されたはずであった。ところが、大阪事件で獄中にあった大井にしても、明治憲法発布の恩赦で釈放されてから、以前より抱いていた中国蔑視の観念も手伝い、朝鮮・中国への侵略的思想を展開していく。

杉田の認識と共通するが、西欧諸列強の侵略への対抗手段として大陸に覇権を求め、大陸を領有することが日本の進むべき道だと説いた。この点で杉田と同質のアジア侵略論に帰着する思想を語ることになったのである。問題は杉田にせよ大井にせよ、最初は民権思想の拡充による封建的専制権力の打倒を主張しながら、結局は朝鮮・中国への蔑視・差別感情に押されるような形で、西欧諸列強への対抗と日本近代化の手段として、アジア侵略を正当化するに至ったことである。

この言わば国内に向けての〝解放思想〟と、国外に向けての〝抑圧・差別思想〟という二重基準(ダブルスタンダード)の姿勢は、民権思想に孕まれていた本質が表出した結果だったのだろう。それで何が、彼らをしてアジア侵略論者に転向させたのか。それは自由民権論の限界なのか。

最終的には暴力(=軍事力)を行使してでも、自らの「自由」や「民権」の思想をアジア解放の手段として捉えていたことではないか。自由民権論者たちが、結局のところ暴力行使を手段として選択したことは、開かれた思想や行動の足枷となった。支援と連帯の対象としたアジアの人々が、最後には暴力の犠牲となっていくことへの逞しい想像力を欠いていたことになる。

そのことは時代を超えて、アジア太平洋戦争期における旧日本軍による「アジア解放のための武力進駐」や、現在アメリカ軍によるイラク侵攻を、「自由のための戦争」とか「正義の戦争」とか呼ぶスタンスにも引き継がれているようである。

樽井藤吉のアジア認識

様々のアジア認識が侵略思想に転化していく原因を探るうえで、たとえば、樽井藤吉(一八五〇〜一九二二)のアジア認識が参考となろう。樽井は、一八八二(明治一五)年に急進的な民権家らが長崎県島原で結成した東洋社会党に参画した人物である。だが、明治政府は同党が貧農世襲の破壊や天物共有などを主張したことから、共産主義あるいは虚無党（アナーキスト）と見なし、直ちに結社禁止を命じた。

樽井は自由主義や平等主義を信奉する社会運動家であった。国内における貧富による格差や階層差別に敏感であったのである。樽井は、それを社会矛盾として捉えることを忘れなかった。樽井の代表作である『大東合邦論』（一八九三年）では、明治中期以降に表れる大陸侵略思想と極めて好対照なアジア観が展開されている。樽井は、先ず日本と朝鮮との関係について次のように述べる。

すなわち、「日本は和を貴んで経国の標となす。朝鮮は仁を重んじて施治の則となす。和は物と相合うの謂《い》、仁は物と相同ずるの謂《いう》なり。ゆえに両国親密の情は、もとより天然に出て、遏《や》むべからざるなり」（竹内好編『現代日本思想体系9　アジア主義』筑摩書房、一九六三年、以下同様）と。それは、儒学的素養から導き出された日朝関係論であった。樽井は、両国の文化的かつ民族的な違いを遥かに超越した共通の自然的かつ先天的な結びつきが存在しており、両国が連携・連帯するのは、西欧的な意味での近代国家観念に束縛されていない個の人間が等しく交じり合うに似ている、と説いた。そして、両国の発展のためには両国が将来的に「合邦」することが最善の途だと説く。

さらには、「二国合同の実を挙げんと欲すればこれを微《はじめ》に鎮《おさ》まざるべからず。けだし名称の前後、位地の階級に因《よ》って彼此の感情を損《そこな》い、もって争端を啓《ひら》くは古今その例なしとせず」との理由から、その国名を「大東」と命名するとしている。

樽井は朝鮮との「合邦」が日本にとって不利とする議論に、次のような反論を怠らない。すなわち、

「朝鮮は貧弱りといえども、その面積はわが国に半ばす。その貧は制度の不善による。もし合同してもってその弊を革《あらた》むれば、富をまた期すべきなり」と。ここには朝鮮侵略の観念とは無縁な平等観念が貫かれており、朝鮮の非近代性の原因を封建的な呪縛を強要する儒教的倫理と道徳観に支配された制度自体に求めた。アジア主義者の多くが、その原因を朝鮮の民族性に求めていた点とは、確かに異なる主張であった。

中国との関係についても、次のように語る。すなわち、「競争世界の大勢を観るに、よろしくアジア同種の友国を合して、異種人と相競争すべきなり。合同を要するもの、何ぞ日韓に止まらんや。余これを朝鮮に望み、清国に望まざるは、故無きにあらず。清国の情、いまだ許さざるところ有ればなり」と。

さらに、清国と日本との「合邦」は時期尚早としつつも、「わが日韓、よろしく先に合して清国と合縦し、もって異種人種の侮《あなどり》を禦《ふせ》ぐべし」とする（以上、同前）。要するに、異種民族との内紛や対立を抱える清国の国情が、現在のところ日本・韓国との「合邦」を許す状態にない。だが、「合縦」と言う、日本と清とが一種の同盟関係を締結して両国の関係を強化し、アジアの二大国となって西欧への対抗軸を形成しようという戦略が提唱されていたのである。

その点について、樽井は次のように述べている。

わが国清国の富強開明を望み、清国これをわが東方に望んでもって相親しまざれば、共に永遠不測の禍を受けん。西人、東方に海陸二強国有りと称す。すなわち日本・支那これなり。東亜に幸いにしてこの二強国有って、わが黄人種の威厳を保つ。もし黄人中この二国無くんば、かの白種人まさにわがアジア全洲を蹂躙し、わが兄弟黄人を奴隷にすること、アフリカの黒人と何ぞ択《えら》ばん。

樽井の主張は、一世紀の時を超えて現在の日米同盟論を彷彿とさせる。アジアの覇権を恒久化する戦略として日米同盟関係の強化が進められる今日、これを樽井藤吉流に言えば、〝日米合縦〟論とでも言えようか。それは兎も角、樽井の所論を引き合いに出す場合、明治国家最初の本格的な対外侵略戦争である、中国との間に起きた朝鮮半島の支配権をめぐる日清戦争（一八九四〜一八九五）開始の前年、このような議論が提出されていたことは注目に値する。

日清戦争の侵略性への問い直しが不可欠という視点に立った場合、日清戦争を境になぜ樽井の所論が振り返られることなく、アジア論が大陸侵略思想へと収斂《しゅうれん》していったかを総括するうえで、彼の思想に内在する課題は、検証材料になり得るのではないだろうか。

欧米帝国主義への対抗

特に着目すべきは、先に引用した樽井の「合邦」論や「合縦」論が、西欧資本主義のアジア進出への対抗思想として展開されたものであって、そこでは必ずしも封建制度のなかで呻吟するアジア民衆の救済を展望したものではなかった、と言えよう。つまり、西欧の諸列強と対抗するため、基本的には同質の強力な国家を形成することが優先課題とされたのではないか、と言うことだ。樽井の「合邦」論や「合縦」論は、アジア民衆をも含め、日本人の諸権利の拡大と社会の民主化に帰結する思想を、一切放棄して論じられていたように読めてしまうのである。民衆不在の「合邦」論や「合縦」論は、やはり疑わしい。

それゆえに、国家至上主義を根底に据えた樽井の日本国家発展の論理が、大陸侵略思想に行き着いてしまう背景となったのではないだろうか。日清戦争を翌年に控え、課題とすべきは西欧的なレベルにおける近代化促進のため、朝鮮との「合邦」でも中国との「合縦」でもなく、まずは専制権力の支配から脱して、民衆の権利を拡げ、民衆による自立した国家や社会の建設の必要性を訴えるのが筋であったろう。

加えて言えば、後年の「大東亜共栄圏」思想の根底に、この樽井藤吉流の対朝鮮・中国、そして、対アジア認識や位置づけが色濃く内包されていた。「大東亜共栄圏」思想も基本的には樽井藤吉と同様の論理が採用されていく。欧米諸列強の対抗力を身につけるために、日本が盟主となって「共栄圏」を築きあげるのだ、とする主張である。

だが、プロパガンダとしての「大東亜共栄圏」思想は、樽井と同様に、中国・朝鮮の日本との自然的必然的な「合邦」および「合縦」関係の実現が強調されるなかで、多くの日本国民の共感を獲得していく。

日清戦争が新旧文明を代表する日本と中国の対立と位置づけ、新文明が旧文明を乗り越える行為と論じた内村鑑三（一八六一～一九三〇）の「義戦論」がある。また、日清戦争を「文明の義戦」とし、文明的対外論を積極的に説いた福沢諭吉（一八三五～一九〇一）の「脱亜論」などに代表される文明的かつ思想的な問題としてのアジア論の展開にしても同様である。

徳富蘇峰（一八六三～一九五七）の『大日本膨張論』（一八九四年）、日本の大陸政策の強力な推進者のひとりであった後藤新平（一八五七～一九二九）の『日本膨張論』（一九一六年）などにも、ほぼ同質の侵略思想が孕まれていたとも言えよう。徳富は、一八八七（明治二〇）年に民友社を創立し、『国民之友』や『国民新聞』などを発行する。平民主義を説いた明治から大正、昭和の時代へと活躍した時の政府にも強い影響力を持ったジャーナリストであり政治家（貴族院議員）として著名であった。

平民主義者として売り出していた徳富ではあったが、日清戦争を境に国家主義者へと転向する。彼の転向のプロセスを追うと、文明論的かつ思想的アプローチは、結局のところ膨張主義や侵略思想を正当化するための議論でしかなかったと思ってしまう。徳富の主張に露見されるのは、強烈な国家主義であり、国家エゴイズムとでも呼ぶべきものであった。徳富の議論に典型的に示された強烈な国家主義は、日清・日露戦争を境に、それまでの議論にあったアジアとの連帯や協調という視点を後方に追いやることになった。従来、多くの知識人・言論人が口にしてきたアジアとの連帯や協調の主張は結局のところ、日本のアジア侵略が持つ不当性や暴力性を隠蔽するためのスローガンでしかなかったのである。

日本がアジアに「文明」を広めるための戦争を正義の戦いとする物言いは、後に「東亜共同体論」、さらには「大東亜共栄圏」の思想に受け継がれていく。アジアとの連帯や協調に心砕いた知識人・言論人の存在を否定する訳ではないが、徳富に代表される強烈な国家主義が優位を占めることになったのは事実であった。一体、何が理由であったのだろうか。徳富の議論を、いま一度追ってみよう。

徳富蘇峰と陸羯南

戦前期日本の大陸侵略思想の形成期は、自由民権期以後における明治二〇年代に求められる。明治ジャーナリズムに多大の影響力を発揮する徳富蘇峰は、日清戦争を境に巧妙な侵略思想を説いた。彼は当初西欧近代合理主義の基盤のうえに西欧的市民社会を形成することによる平等主義の実現を説いたが、日清戦争を境に露骨なまでの日本民族膨張主義礼讃論を展開する。

徳富は、それまでに潜在的な脅威の対象国として中国を警戒する必要を説いていた。『国民之友』

（一八九四年六月号）に発表した有名な「日本国民の膨張性」では、日本の対外膨張政策を善なるものと位置づけている。その日本の膨張政策の最大の障害が中国だとした。中国との「衝突」に勝利しない限り、日本の将来における発展はあり得ない、としたのである。

徳富の対中国観の特徴は、言わば日本の膨張主義や侵略思想を正当化するために、隣国の大国である中国を脅威と設定し、日本の対外侵略戦争の積極的意義を説く絶好の素材として中国をイメージすることにあった。徳富の対中国観は、全く合理性を欠いたものであったが、彼の思想的影響力は、『国民之友』を通して膨張主義への賛同者を増やすことに成功していく。さらに彼は、日清戦争以降においては西欧諸列強によるアジア進攻への対抗処置は、日韓清のアジア三国が「連合」して当たるべきと強調した。その場合、日本が盟主としての地位に就くことこそ、「連合」形成の条件だとする。

連合論には、対抗勢力の形成という本来の意味合いがあったと同時に、日清戦争以後、日本の国際的地位の変化への対処措置としての狙いが秘められていた。それゆえに、アジア諸国が対等に「連合」し、西欧のアジア進攻に抵抗していくというものでは決してない。要は日本の国際的地位の安泰を目指した「連合」に過ぎず、国家エゴイズムの発露でしかなかったのである。

新聞『日本』を通じて西欧の近代化や技術主義に対応してアジアの独自性の発揮と自立性の獲得を説いた陸羯南《くがかつなん》（一八五七〜一九〇七）にしても同様であった。但し、彼は西欧との対比のなかでアジア主義を強調し、徳富のような安直な侵略思想の展開に一定の批判的精神を示していた。

陸は司法省法学校を中退して官吏となったものの、明治政府の行き過ぎた欧化主義政策に反対して退官した気骨ある人物であった。後に自らの主張を論じるため『東京電報』を創刊（一八八八年）し、翌年に『日本』と改名するが、そこでは反欧化主義路線を徹底する論陣を張った。だが、陸は『近事政論考』（一八九一年）などで、アジアの「平和」が日本を主軸に据えることによって実現すると説き、結局、中国への侵略を正当化していくのである。徳富が中国の潜在的な脅威を率直に語ったのに対し、陸は中国を日本の陣形に取り込むことで、これを脅威の対象とせず、日本の連携の相手と位置づけた。西欧的なるものを拒絶し、日本的なる文化や思想で対置しようとしたのである。

対中国へのアプローチの相違性を両者の間に見出すのは容易である。だが、朝鮮をも含めて日本が主導する対象でしかない、というアジア認識を示した点で、どちらも最終的には侵略思想に収斂《しゅうれん》されていく。そこでは歴史事実としての侵略行為が、朝鮮・中国を言わば「善導」する行為と認識されていたからである。

この点は樽井の諸論とも同質であり、後年に『支那観』（一九一三年）のなかで中国を「畸形国《きけいこく》」と見なした内田良平（一八七四〜一九三七）、あるいは『支那論』（一九一四年）や『新支那論』（一九二四年）などで中国社会の特殊性を強調してやまなかった内藤湖南（一八六六〜一九三四）らの中国認識と基本的に共通する。とりわけ、第一次世界大戦が起こり、主戦場のヨーロッパが世界の注目を浴びる中、日本は間隙《かんげき》を縫うようにして中国の山東半島に位置する青島のドイツ租借地を獲得する。日本の中国への侵攻が本格化すると平行して、日本人のなかに中国への眼差しが明らかに変わっていく。それは、徹底した中国への侮蔑意識の表明である。

その事例は枚挙に暇ないが、たとえば国家主義者で中国侵攻論者であった五百木《いおき》良三（一八七〇〜一九三七）は、第一次世界大戦中の一九一七（大正六）年一月に、「今日の支那は明らかに統一力ある主権者を欠き健全なる国家の資格を喪ひ」と言い切る（五百木良三『対支解決卑見』帝国社、一九一七年）。また、日本陸軍内で発行されていた『偕行社記事』には、「支那は国家にあらず、支那はひとつの社会である。少なくとも近代組織の法治国と見做すべき国ではない」（天歩生「民族性より見たる支那漫談（承前）」第六九七号、一九三二年一〇月五日号）とする記事が見られる。

庶民のなかにも、中国を冷ややかな目線で捉える心情が吐露されるようになる。取り分け、満州事変（一九三一年九月一八日）前後からは、特に目立つようになっていく。それを当時流行した川柳から拾うと、「支那店が殖へて租界を分取られ」（『川柳人』一九三〇年五月）や、「今に見よ蒋閻馮の内輪揉め」（『日本及び日本人』一九二八年八月一日）など、いずれも北伐によって中国統一を果たそうとする蒋介石の動きに逆らう閻錫山、馮玉祥らの軍閥の首魁との抗争を題材に、中国の混乱ぶりを揶揄していた（以上、中村義『川柳のなかの中国』岩波書店、二〇〇七年）。

要するに、混乱を極める中国が、もはや統一国家としての体裁をもたない無秩序が支配する地とする認識が日本人のなかに拡がっていたのである。その根底には、いまや台湾や朝鮮などを植民地して欧米諸列強にも並ぶ国家へと発展し、さらには中国に足場を築こうとする日本国民の〝誇り〟が、中国への優越意識、さらには差別意識となって表れてきていたのである。

そのような意識が、中国は西欧的常識からして極めて異質な国家社会であり、国際社会通念から大きく逸脱した存在であると捉えていたのである。そこから中国への差別感や侮蔑感を基底に据えた中国認識を増幅していった、と言えようか。それは同時に異質なるものを排除し、共生・共存思想を拒否する論理と意識を潜在化させることにつながっていく。

このように、言うならば中国否定論が、当代の文化人・知識人だけでなく、多くの日本人も含め、繰り返し強調されていた。現実の政治過程において対中国への強圧的な姿勢が露骨に示されていたことも手伝い、中国社会を否定的に捉える傾向へと国民意識を追いやっていたのではないか。

以上、総じて日本人の対中国観を時代とともに前後して探ってきたが、より具体的に中国への侵略がいつ頃、どのような形をもって開始されたのかについても触れておこう。

2　中国侵略の起点はどこか

台湾出兵

欧米諸列強に遅れて近代国家として歩み出した日本は、一八八九（明治二二）年二月一一日に大日本帝国憲法（明治憲法）を公布する。それ以来、「大日本帝国」の国号を用いることになった。いわゆる、「帝国日本」の登場である。

日本は、一八九五（明治二八年）四月一七日、日清戦争に勝利し、清国との間に講和条約を結び、二億両テール（日本円で三億円）の賠償金と清国の領土であった台湾及び澎湖諸島などを割譲され、植民地領有国家となった。

しかし、明治憲法が公布される一五年前の一八七四（明治七）年に、日本は既に戦争発動を強行していた。それが、明治国家最初の海外派兵としての台湾出兵であった。

事の成り行きは以下のようである。台湾出兵の一年前の一八七三（明治六）年八月三日、当時明治政府の参議の一人であった西郷隆盛（一八二七〜一八七七）は、朝鮮派兵の閣議決定を要請する意見書を太政大臣三条実美に提出した。同月一七日、閣議は西郷が提出した朝鮮出兵を決定する。但し、外遊中の岩倉具視一行が帰国してから実行に移すことが条件とされていた。

西郷の意見書に示された、いわゆる「征韓論」をめぐる議論は、権力闘争の様相を帯びていた。この年の一月に国民皆兵を骨子とする徴兵制が施行されたが、軍事部門における独占的な地位が崩れることに反発した士族たちは、自らの働き場所を朝鮮に求めようとしたのである。この動きの背後には、徴兵制施行による近代軍隊を擁しようとした勢力と、これに反対して武士階級の利益保守を貫こうとした勢力との対立があった。

前者の勢力にとって近代国家の構築を中央集権制により実現しようとし、そのためには強力な政府直轄の近代軍隊が不可欠であった。後者は、そうした急激な近代化のなかで既得権が失われていくことに焦りを感じていたのである。

対中国（清国）や対ロシア、さらには欧米諸列強との摩擦を回避するためもあって、朝鮮出兵には後ろ向きの姿勢を崩さなかった木戸孝允や大久保利通ら有力参議の反対に遭った西郷は、一切の官職を辞し下野する。朝鮮派兵は無期延期となったが、明治国家成立後、わずか六年で派兵の是非をめぐる論争が展開されたことの意味は小さくなかった。

朝鮮派兵の目論みは失敗するが、代わって台湾出兵が強行される。

翌年の一八七四年五月一七日、西郷隆盛の実弟で陸軍中将の西郷従道率いる三六〇〇名の兵士が台湾の最南端に位置する屏東懸牡丹社郷に出兵したのである（翌五月二二日台湾上陸）。明治国家最初の海外派兵であった。

台湾出兵とは、台湾南部の牡丹社郷に居住する台湾島民（パイワン族）が、漂流した琉球の漁民を殺害したことへの報復として行われたものだった。一端は台風で漂着した琉球漁民を救助し、食事などの世話をしながら、コミュニケーションが十分でなかったことから悲劇が起きたとされる。しかし、それ以上に問題なのは、この事件を好機として捉え、西郷従道率いる約三六〇〇名もの近代兵器を手にする日本軍が同地に侵攻し、多くの現地住民を殺害したことである。

台湾出兵の背景には、清国に従属していた台湾領土を支配しようとする日本政府の意図が隠されていた。事実、事件が発生した一〇年後に起きた日清戦争によって日本は、台湾を清国から割譲させることに成功する。

台湾への領土的野心は、すでに明治国家成立直後から存在していた。日本は口実を設けて侵略を正当化し、侵略戦争を「正義の戦争」とする解釈替えを行っていく。明治国家最初の海外派兵となった台湾出兵は、邦人保護や救出を理由として、侵略軍を投入する以後の戦争パターンの先鞭をつける。

戦後日本の歴史学研究のなかで、この台湾出兵に対する研究は、一八九五年六月七日の台北占領によって一段落する台湾軍事占領作戦の研究をも含め、日清・日露戦争など明治期における対外戦争研究と比較すれば、極めて少ないと言わざるを得ない。

理由は資料収集作業の遅滞の問題や、当該期における日本の対アジア外交政策が、日清・日朝関係（一八七一年日清修好条規、一八七六年日朝修好条規）に特化されるあまり、日台関係史研究への独自的な視点が希薄となっていることにあるように思われる。同時に日台関係史を日清関係の延長として捉えようとする傾向も強い。それぞれの歴史的独自性への着目が必要であろう。

台湾牡丹社郷の琉球藩民五十四名墓の前で（著者　2007 年 6 月）

戦後日本の歴史学では台湾出兵ではなく、日清戦争を「日本最初の本格的対外遠征」（海外派兵の第一歩）と位置づけるのが一般的であり、台湾出兵の歴史的意義への究明と事実認識が希薄なのである。

その思いを抱き続けてきた私は、台湾出兵の意味を問い続けていた。それで私は、二〇〇三年一一月二三日、台湾屏東県牡丹社郷で開催された牡丹社事件を検証する国際会議で報告の機会を得た。

国際会議の合間に、西郷従道率いる三六〇〇名の日本軍兵士と、パイヤン族との激戦の地を歩いて回った。銃火器を用いず、旧式の僅かな銃の他は弓や刀しか持たないパイヤン族の人々は、近代軍隊としての体裁を整えつつあった日本軍と果敢に渡り合った。しかし、近代的な銃火器を備え、組織化された大部隊の日本軍に翻弄され、多くの犠牲者を出すに至る。

それは中世の軍隊に対する近代の軍隊との戦いの様相であったろう。一方的な殺戮が、戦力の圧倒的格差から生じたことは想像するに容易い。そんな思いを抱きながら会場に到着するや、かつて日本軍と戦ったパイヤン族の末裔にあたる人たちが、すでに席を占めていた。彼ら彼女たちは、日本から来た歴史研究者が一体何を語るのか、一言も聞き漏らすまいと言う姿勢で聞き入っていた。

彼等からすれば、一方的な殺戮という耐え難い屈辱を味わいながらも、日本政府は戦後も含め一切触れようとせず、謝罪を受けた事実も記憶もなかったはずだ。台湾が日本の植民地支配から独立した後になっても、一民族に降りかかった災難だとして、台湾史のなかでも長らく埋もれたままになっていた事件であったからである。少なくとも、蔣介石、蔣経國父子の国民党政府の時代にあっては、それは取るに足りない事件として無視され続けてきた経緯があった。

いま、台湾では固有の文化や歴史を育んできた多様な民族の存在から見直そうとする動きが活発である。パイヤン族の人々は、ようやく屈辱の歴史を掘り起こし、台湾史のなかに刻印する作業を始めたのである。

二〇〇七年六月四日、私は再び牡丹社郷を訪れた。牡丹社事件を記念する公園や記念碑の建設推進を掲げた討論会に出席するためである。同会には台湾立法院（台湾の国会）の議員らも招待されており、熱心な議論が終日続けられた。

私は、その場で牡丹社事件を固有の伝統と歴史を育んできた民族の「誇り」と、覇権拡張の意図を露骨にする近代国家の「欲」との戦いとして捉える考えを先ず示した。そのうえで、パイヤン族の人々が近代国家に内在する暴力により犠牲を強いられた側面に触れながら、暴力国家を最後に敗北に追い込むのは、やはり民族としての誇り、自らの生活の場を犯されることへの反発のエネルギーであることを、一九四五年の日本の敗戦を引き合いに出しつつ論じた。

帝国主義と文明化

さらに私は、日本では台湾出兵と称する牡丹社事件の歴史上の位置づけについて、台湾出兵は明治国家が帝国主義国家としての性格と構造を内在させていく契機となったこと、一八七四年に強行された台湾出兵と、一八九五年における台湾占領作戦の意味を深く捉える必要があることなどを強調した。台湾出兵と日清戦争時における台湾軍事占領作戦の相互関係を、どのように捉えるのかという問題に対して、私は「華夷秩序からの脱却」と「万国公法秩序への参入」という分析枠組みで検討していることも紹介した。そこでの私の仮説は、台湾出兵および台湾占領のいずれも、「文明化」のイデオロギーによって、侵略性・排外性が隠蔽されてきたのではないか、ということであった。同時に、出兵政策や占領政策が正当化されてきた点を強調することで、明治近代国家あるいは日本帝国主義の本質と、「近代化」の負の側面を検証することができるのではないか、というものである。

日清戦争の背景にある日本の知識人たちの日清戦争への評価の特徴を整理し、いわば日本の侵略思想の系譜を辿る試みである。台湾出兵や台湾占領において採用された手法は、以後帝国日本の植民地獲得や膨脹政策が強行されるうえで常套手段となり、戦後における日本人の対台湾認識を大きく歪めてきた、一つの原因とも言い得るのではないか、と結んだ。

私は、戦前期における日本人の多くが、「文明化」イデオロギーの浸透とともに、植民地化政策や侵略戦争を支持していき、その呪縛から戦後日本人は依然として充分に解き放たれてはいないのではないか、と考えている。それで、私が先ず指摘しておきたいことは、第一に、戦後日本の歴史学研究では台湾出兵および台湾占領の歴史的位置が必ずしも確定されたものとして認識されておらず、一般的なレベルにおいても、日本の台湾植民地支配は、順当かつ整然と進められた、といった程度の基本的認識から充分に脱却できていないことである。

また戦後台湾の「親日的感情」の存在にも支えられて、日本の台湾植民地化責任への自覚と、歴史の清算という課題の克服を困難にしているように思われる。要は歴史に真摯に向き合い、教訓化するという基本的な作業に日本の研究者が充分に意を用いなかったのではないか、ということである。

第二には、明治国家形成過程における「文明化」の意味を再考することである。「文明化」は、国内の近代化を促す意識的なレベルで浸透力を発揮する。同時に対外膨張という点において、被植民地者を「蛮人」あるいは啓蒙の対象者と見なし、「文明化」することを自らの使命と自己規定する。因みに、文明化とは、その担い手によって「非文明者」、あるいは「非文明地域」の伝統的な慣習や制度に改編を迫り、「文明者」にとって都合の良い環境を創り出していくことを指す。それは固有の歴史の否定である。

より大きな問題は、歴史の否定が時として暴力によって強行される場合が極めて多いことだ。その意味で、文明化とは異質の存在を否定ないし解体に繋がる。丁度、現代の世界において、グローバリゼーションの名で異質の文明や慣習が排除され、同質化・平準化されていく状況と同一である。

ところで、台湾出兵のさらなる背景に、一八七一（明治四）年九月一三日に調印された日清修好条規による日清関係の対等化という問題があったと考えている。すなわち、明治国家は同条規によって、当時「華夷秩序」と呼ばれる朝貢システムに編入されていた琉球王国を「琉球藩」として日本に帰属させようとした。そのことを内外に明確化するために強行されたのが台湾出兵であったのではないか、と言うことである。

一八七一年に琉球の漁民六六名が台湾に漂着し、そのうち五四名が牡丹社の住民により殺害されたことへの報復措置を、西郷従道は「日本帝国政府の義務」とし、「討藩の公理も茲に大基を得べし」と宣言した。要するに、台湾出兵の目的は琉球の日本帰属化を内外に示すための証明行為としてあったのである。

「討藩の公理」として台湾出兵を自己正当化しようとする国家の体質こそ、一八九四年の台湾占領作戦の背景ともなったと考えられる。そもそも台湾占領作戦の呼び水となった日清戦争は当時日本の最大の外交上の懸案であった条約改正を進めるのと併行して発動されたものであった。

明治国家は、日清戦争を「文明の戦争」、すなわち、「文明国＝日本」と「野蛮国＝清」との戦争と宣伝することで、戦争への国民の支持を取り付けることに成功していく。福沢諭吉や内村鑑三ら、当代の著名な知識人たちも、「文明」国家の正当な権利行使という解釈付けで戦争を積極的に支持していったのである。

日本が台湾領有を志向する背景には、アジアの帝国主義国家として不可欠な要素としての植民地領有国家となるために、外務大臣陸奥宗光が『蹇蹇録』で、朝鮮と並び台湾は「進む得べきの地」と表現した如く、欧米の帝国主義諸国家に対抗するため、政治的経済的にも、そして、軍事的にも朝鮮と台湾の領有は焦眉の課題とされていたのである。

だが、当該期における日本の対朝鮮政策は、ロシアによって転換を余儀なくされており、必然的に台湾領有が最優先される状況にあった。これに対して、清国の華夷秩序に組み込まれず、「化外の地」とされていた台湾において発生した牡丹社事件（一八七一年一月）の処理をめぐり明治政府は暫くの時を経て、一八七四（明治七）年二月六日に「台湾蕃地処分要略」を閣議決定する。

第一条には、「台湾土蕃の部落は清国政府政権逮《およ》ばるの地にして、其証は従来清国刊行之書籍にも

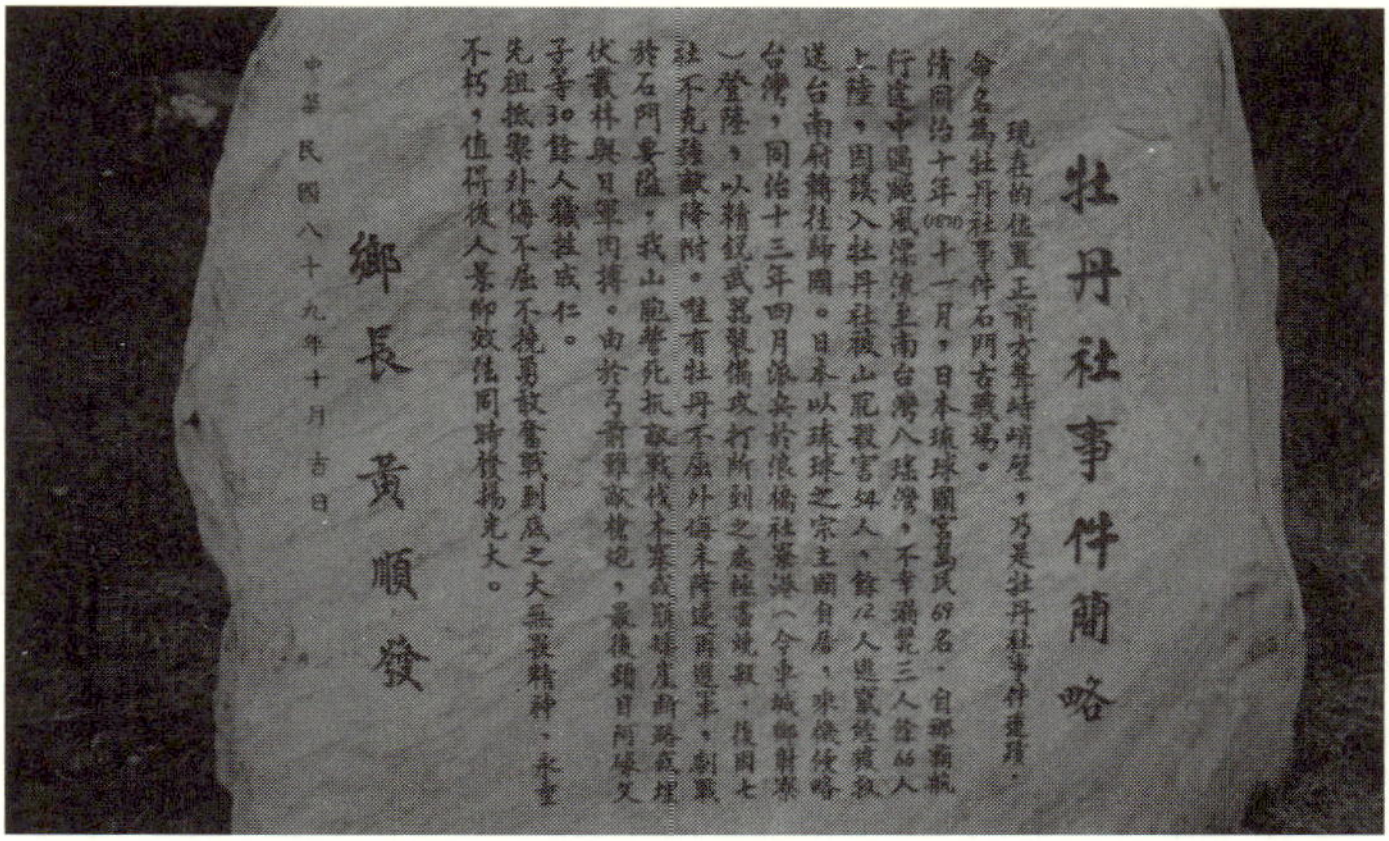

牡丹社事件碑

著しく殊に昨年前参議副島種臣使清之節彼の朝官吏の答にも判然たれば無主の地と見做すべきの道理備れり就ては我藩属たる琉球人民の殺害せられしを報復すべきは日本帝国政府の義務にして討蕃の公理も玆《ここ》に大基を得べし然して処分に至ては着実に討蕃撫民の役を遂るを主とし其件に付清国より一二の議論生じ来るを客とすべし」（外務省編『日本外交文書』（十）第七巻、日本外交文書頒布会、一九五五年、原文カタカナ）とある。つまり、明治政府は華夷秩序の外域に位置した台湾であればこそ、軍事発動を強行したのである。

当時明治政府内にあって台湾出兵問題へのスタンスは一様ではなかった。一八七四年四月一八日、木戸孝允は出兵反対の意思を表明して辞任する。山県有朋や伊藤博文も消極論者であった。同時にイギリス、アメリカ、ロシアも日本の台湾出兵政策に非協力の態度を鮮明にしていた関係もあり、結局、明治政府は台湾出兵をいったん中止することになった。

台湾事藩地務都督（台湾遠征軍司令官）に任命され、既に長崎港で台湾に向け出撃準備を進めていた西郷従道陸軍中将は、明治政府の中止決定に異議を唱え、五月二日には先陣部隊を出撃させる措置を採った。西郷の強硬姿勢を抑えようとして長崎に赴いた大久保利通は説得に失敗し、結局出兵を事後承諾する。最終的には、約一〇〇〇万円の戦費と約三六〇〇名の兵員を投入した台湾出兵が強行される。

台湾平定後、明治政府の事後処理は、所謂「賞金説」と「領有説」の二つの選択肢で議論となったが、領有に伴う財政負担に耐えられないと判断から、「賞金説」（賞金と引き替えに占領地を清国に返還すること）が採用された。それは、日本が植民地保有国に相応しい資本力や、秩序維持のための軍事力の整備が進んでいないことの証でもあった。

こうしたなか日清両国間で交渉が重ねられ、最終的には清国側が日本の台湾出兵を「義挙」と認め、日本は五〇万両（日本円換算で約七七万円）の賞金を得て台湾から撤退する。同年一〇月三一日、日清両国間で調印された「互換条款」「互換憑単」に調印し、清国は台湾を、日本は琉球をそれぞれの領土として相互承認をする結果となった。台湾出兵の解決方法として合意された内容は、清国の外交原理である華夷秩序及び冊封《さくほう》体制の現状を、日本政府が基本的にあらためて受容したことである。それゆえに、伝統的に中国に朝貢し、清国から朝鮮国王として冊封されていた朝鮮との関係に慎重な姿勢を採ることになった。

当時、その朝鮮は清国と日本の両方とも朝貢関係を結んでおり、日本と琉球とは「交隣」と称される対等な関係を取り結んでいたのである。この外交関係の現状を一端は容認するものの、日本は台湾出兵の一〇年後、再び華夷秩序の脱却あるいは解体を目論んで、清国との間に戦端を開くことになる。それが日清戦争である。台湾出兵を機会にして不充分ながらも立ち上がった帝国日本は、以後、アジアに向けて侵略の機会を窺うことになる。

万国公法秩序

台湾出兵を境に、政府内では早晩アジア地域でも帝国主義諸国間の対立と競合の時代を迎えるとの受け止めが拡がっていた。そこから清国の華夷秩序を解体し、アジア地域への日本の参入を目論もうとする構想が浮上する。

華夷秩序からの脱却、さらには解体の論理として明治政府が主張してみせたのが万国公法秩序であった。

万国公法秩序とは、清国（中国）を最上層とする階層型秩序であった華夷秩序と異なり、横並び型秩序とでも称することができる。それは国際法という一定の規則・規範に従って形成される秩序であり、新興国家日本においては好ましい世界秩序と捉えられていた。一方、戦争や侵略、植民地化政策をも否定するものではなく、必然的に帝国主義的秩序を用意するものであった。

アジアの新興国家として、西欧の近代化に範を得て一等国への階段を上り始めようとした日本にとって、富国強兵政策をスローガンとして万国公法の下で実力を養うことは、国家戦略として妥当と認識されるようになったのである。台湾出兵を契機に明治政府内では、この機会に華夷秩序を解体することにより、万国公法秩序の形成を目標とする国家戦略が浮上する。最初に構想された目標が、清国と朝鮮との切断による華夷秩序の解体であった。

他方、清国は台湾の地を「化外の地」としながらも、自らの領土と位置づけていた。それゆえ、台湾をめぐる日清交渉において、一時交渉決裂の可能性を読み取り、戦争不可避論に傾きかけたこともあった。そうした背景もあってか、清国は日本軍の台湾からの撤退後、これまでと異なり台湾への関与を強めることになる。

清国は、先に日清修好条規（一八七一年九月一三日）を調印しており、後に調印された日朝修好条規（一八七六年二月二七日）を容認していることから、国際法秩序に参画するスタンスも保持していたと言える。しかし、日本の台湾出兵で自らの領土が占領される可能性を見ると、予想以上に過剰に反応してみせた。台湾が清国領土の一部であり、たとえ「化外の地」であっても、華夷秩序の保守のためには断固保守するスタンスを鮮明にしたということであった。二〇年後に生起する日清戦争の要因がここにあった。

日清戦争とは、台湾出兵に端を発した日本の意図する万国公法秩序の形成と清国の保守する華夷秩序との衝突であり、近代アジア世界が再編される過程で生起した不可避的な事件としての性格を色濃く持つものであったと言えないか。以上のことからして、朝鮮領有をめぐる帝国主義的対立論や覇権争奪論だけで台湾出兵の位置を捉えようとするのは、充分ではないように思われる。

侵略パターン

台湾出兵を遠因とする日清戦争の結果、一八九五（明治二七）年四月一七日に調印された日清講和条約により、日本は台湾・澎湖諸島を獲得する。

一方では、台湾の日本への割譲に反対する台湾の漢人有力者・地主層を中心に台湾民主国の「建国宣言」（同年五月二三日）がなされた。台湾の植民地化に反対する台湾人の抵抗運動が開始される。

当代の元老の一人であった松方正義によれば、日本にとって台湾は、「南門の関鍵」であり、「北守南進策の第一著の足溜り」であると言う（徳富猪一郎編『公爵松方正義伝』公爵松方正義伝記刊行会、一九三五年）。

台湾の占領は直ちにインドシナ半島及びマレー半島、さらには南洋群島への膨脹を保証するものと捉えられていた。松方の主張を待つまでもなく、台湾はその後、実際に本格化する日本の南進政策の一大拠点として、既に明治国家の指導者によって明確に位置づけられていたのである。同時にドイツ、ロシア、フランスなど当時の諸列強は、等しく台湾及び彭湖諸島の領有に強い関心を抱いていた。その現実を前にして、機先を制して軍事占領が急がれたのである。

台湾での軍事行動を甚大な犠牲を払いつつも、また台湾に対する過酷な抑圧的な占領を敢えて強行したのが台湾出兵であった。それは、帝国主義諸列強との争いのなかで、帝国主義国家日本としての立場を鮮明にする過程で生じた侵略戦争であったのである。

台湾出兵（一八七四年）から日清戦争（一八九四〜九五年）にかけて示された侵略のパターンは、その後、帝国日本が繰り返した侵略パターンの原型となるものであった。つまり、侵略の目的地にことさらに危機を煽り立て、その危機対処として武力発動を正当化するパターンである。

日露戦争も日本の影響下に置こうとした朝鮮半島がロシアに奪われるという危機設定であり、満州事変も日露戦争によって獲得した「満蒙」（中国東北地域と内蒙古《モンゴル》）の権益が侵されるとする説明が盛んに行われた。台湾の占領過程において、日本は植民地を保有することで、帝国主義国家へと変貌していく。同時に日本帝国主義の性格まで強く規定する重大な歴史事実となった。

日本は、台湾の地でアジア民衆への軍事力を用いた過酷な暴力支配と抑圧の体系を示すことになり、民族的かつ排外主義的な差別意識を全面化させるのである。次の問題として、このような性格を派生させた背景と、過剰な軍事至上主義を生み出した原因を究明することが不可欠となってくる。戦後日本における歴史研究で、台湾の占領過程を通して日本帝国主義の性格を分析しようとする視点は、依然として弱いと言わざるを得ない。

その理由として考えられることは、日中戦争研究が活発となるなかで、中国の問題と切り離して台湾を把えようとする発想が深まらなかったからである。歴史研究者の目にも、台湾は中国の一部とする認識が強かったと言える。現代における中国と台湾との複雑な関係を歴史研究の領域にまで、持ち込んでしまった結果かも知れない。

日露戦争が開始された翌年の一九〇五（明治三八）年九月一五日に調印された日露講和条約（ポーツマス条約）により、日本は南樺太と租借地関東州と満鉄附属地を獲得する。続いて、一九一〇（明治四三）年八月二二日に調印された日韓条約で韓国を強引に併合する。そして、同年八月二九日には、韓国の国号をあらためて「朝鮮」と称し、朝鮮総督府を設置した。さらに、一九一四（大正三）年八月二三日、連合国側に立ってドイツと戦端を開き、ドイツ領であったミクロネシアに点在するビスマルク諸島などを領有する。

帝国日本は、戦争を手段として資本主義化と近代化を成し遂げながら、半世紀にも満たない間に、ヨーロッパ諸列強と同じように植民地領有国（植民地帝国）として、帝国日本の経済圏を拡大していった。帝国日本にとって、経済圏の拡大と維持、そして支配地域からの利益を確保することが、日清・日露戦争以後における最大の国家目標となっていったのである。

獲得した支配地域を日本の経済圏として有効活用し、そこで獲得した利益を日本国内に環流する態勢整備には、一定の方針に従って行われるべき経営戦略が求められた。当時日本の指導者達は、日清・日露戦争以後、植民地領有国家となった日本が、植民地及び支配地域を国家発展の基盤と位置づけ、日露再戦に備える国家体制を整備し、国力を養うことを目的として「戦後経営」と称していた。

同時に「戦後経営」の方法をめぐる支配層内部の対立と協調の関係が複雑となり、最終的には広大化する支配地域の維持のために強大な軍事力保有と支配地域への強権的な支配体制を敷くことになった。このことが、逆に国力を疲弊させていったのである。「戦後経営」は、帝国日本にとり重大な足枷となった。同時にアジア太平洋戦期に至るまでに、アジア諸地域における植民地市場の争奪戦が激化するなかで、外圧をともなってきた。植民地保有国家には、こうして内側からも外側からも揺さぶり続けられたのである。

「戦後経営」は、植民地をはじめとする支配地域の「経営」という問題に留まらない。政治・経済・外交・軍事など諸領域に関わる課題としてあった、と言える。この「戦後経営」のあり方をめぐり、国内政治や軍事・外交政策の中身に次々と変更が加えられ、その過程で指導層内部の対立や妥協が繰り返された。その意味で日本の〝アジア経営〟の実体を読み解くことは、日本近代史の実像に迫ることになろう。

大東亜共栄圏

帝国日本による「戦後経営」の対象地域は、「本土」を基点として同心円状の拡がりを見せることになった。台湾と朝鮮の二つの直轄植民地を中心としながらも、アジア太平洋戦争が終わるまでには、日本、「満州」(中国東北部)、中国の結合による「東亜新秩序」の建設が目標とされた。さらに、「日満華」を核とした「大東亜共栄圏」という、より広大な地域を対象とする経済圏が構想されていく。

それは、イギリス、フランス、そして、アメリカなど先発の資本主義諸国がすでに形成しつつあった固有の経済圏との対抗関係のなかで模索された。資本と技術において劣勢に立たざるを得なかった日本は、劣勢を挽回するために軍事力への過剰な依存体質を身につけていくことになったのである。帝国日本は日清・日露戦争を皮切りに、第一世界大戦後には南太平洋のミクロネシアを領有していく。さらには、アジア太平洋戦争下では東南アジアへの軍事占領政策を断行し、当該地域をも実質的な植民地化または市場化に成功していった。

アジア諸地域の植民地化・市場化のなかで、「帝国」日本の本体である「本土」を基軸に、直轄植民地（台湾・朝鮮）――傀儡国家「満州帝国」および半植民地化された中国――軍事占領した英領マレー、蘭印（インドネシア）、フィリピン等の支配地域が、同心円的に二重三重に帝国日本を囲い込むように形成されていった。

日本が獲得あるいは勢力圏においた諸地域が持つ価値は、決して一様ではなかった。日清戦争の結果、領有することになった台湾は、本土では充足できなかった砂糖や樟脳《しょうのう》など一次産品の生産地としての価値が重視された。他方、朝鮮は将来的に大陸国家日本へと飛躍していくための進出拠点（橋頭堡《きょうとうほ》）としての価値が意識された。台湾や朝鮮の価値づけは、実に多様であったのである。

しかし、対英米戦争において獲得した東南アジアや太平洋地域諸島の価値づけは、たとえば、一九四三（昭和一八）年五月三一日、御前会議において決定された「大東亜政略指導大綱」において、セレベス・スマトラ・ジャワ・ボルネオなどが、「帝国領土と決定し重要資源の供給源として極力これが開発並びに民心把握に努む」（防衛研究所戦史部図書館蔵『御前会議議事録』、傍点引用者。原文カタカナ）と明記されたことに端的に示される。
多様な目的を掲げながら領有された支配地域は、同時に軍事的かつ経済的な利益を生み出す対象でもあった。ここで言う利益を維持しつつ、さらに拡大するためにも支配地域の「経営」戦略が、台湾・朝鮮の領有以降において構想されることになったのである。

ところで、「戦後経営」の用語で一括りされる日本帝国主義下の植民地及び支配地域における経営の本質を、近代日本の歩み全体を捉える用語として「帝国経営」の用語を用いながら整理していく必要があろう。

つまり、「帝国経営」の内容は決して一様ではない。直轄植民地の台湾と朝鮮のように総督府を設置して、事実上の直接支配を軍政統治の形式によって行った所もあれば、「満州」のように表向きは満州族に政治運営を委ねて間接統治の形式を採りながらも、実質的には日本の「傀儡国家」として完全な支配を強行した地域もある。さらには「独立」を認めつつ、事実上の「保護国化」による支配を貫こうとしたビルマやフィリピンの例などがある。その意味でも、台湾出兵は、「帝国経営」の萌芽的な状況を創り出した契機となった、と捉えることができよう。

日清戦争の評価

後の侵略思想の展開に、台湾出兵に次ぐ対外戦争であった日清戦争が決定的な影響を与えたのは言うまでもない。日清戦争は朝鮮半島の領有をめぐる中国との角逐《かくちく》により生じた戦争であり、それは朝鮮に対する紛れもない侵略戦争ではなかったか。

日本国家は朝鮮半島での事実上の支配権を獲得し、大陸政策の骨格を明らかにしていく。朝鮮半島は大陸進攻のための日本の橋頭堡と位置づけられていったのである。日清戦争で日本が取り敢えず勝利したことは、日本国家の国際政治上の位置に大きな転換をもたらした。西欧諸列強の被侵略国・被抑圧国という地位から、西欧諸列強と同質の侵略国・抑圧国への転換である。

幕末期から始まる朝鮮・中国への侵略思想が、日清戦争において机上の空論ではなく、日本軍事力の発動により実行に移された時、大陸進攻論者に限らず、多くの国民意識のなかに、アジアの「強国日本」のイメージが一気に拡がっていったことは想像に難くない。

日清戦争がもたらした強烈な「強国日本」のイメージは、明治二〇年代から三〇年代にかけて次々と創刊された明治ジャーナリズムを代表する雑誌によって一層の拍車がかけられた。教養や娯楽を求める国民が増えており、雑誌メディアの影響力が高まっていた時期であったのである。たとえば、日清戦争の最中である一八九五年一月創刊の『太陽』は、「いまや大陸進攻の緒についた日本がアジアの、さらには世界の注目を一身に浴び、将来の栄光が約束された国家であり、まさに〝太陽〟にも等しい存在である」ことを暗示した誌名を採用した。

また、同年一一月に創刊された『東洋経済新報』で町田忠治（一八六三〜一九四六）は、「東洋唯一の立憲強国」になった日本が将来さらなる強国として生きていくために、「西欧諸国に奪はれんとする東洋貿易を我手裡に収むるにあらずんば、将た何れの時か能く東洋の商権を握ることを得ん」とその創刊の意義を論じた。同誌は、日本のアジアでの経済的覇権を確立するための情報を提供しようという熱意を語っていたのである（橋川・松本前掲書）。

こうした基調を持つ雑誌は他にも『世界之日本』（一八九六年創刊）や『中央公論』（一八九九年創刊）などが挙げられる。このような雑誌群が、国民意識のなかに、「大国意識」や「一等国意識」を創りあげるうえで重要な役割を果たしていく。「大国意識」や「一等国意識」が、一方において勢い新たな国家主義を産み出していくのは必然であった。同時に、日清戦争を境として、自らの国家意識を強めていくという意味での内向きの国家主義から、排外主義的な傾向を強く帯びた、言うならば外向きの国家主義への転換が顕著化してくる。

内向きの国家主義は、国家や民族の伝統・文化の保守・堅持を最大の目的と位置づける。また、外向きの国家主義は、何よりも日本国家の他民族・他国家と比べ、絶対的な優位さを保つことを目的とする。そこから他民族や他国家への徹底した差別意識や侮蔑意識が生まれることになる。

その一方で、日清戦争と日露戦争を境に本格化する帝国主義国家日本は、日露戦争の戦費をイギリスなど外国の借入金で賄うしかない未熟な帝国主義国家でもあった。

日本帝国主義が欧米依存型の帝国主義であり、自己完結性を著しく欠いた未熟な帝国主義国家であった現実への苦渋が、大陸侵略思想に孕まれた露骨なまでの侵略主義の根本要因であった。そこでは逆に欧米には卑屈なまでの従属意識を潜在化させることになったのである。

日本主義の形成

そうした規定要因を孕みながら、恐らく日本帝国主義思想が本格的に形成されていく過程で注目されるのは、雑誌『太陽』で論陣を張った思想家、高山樗牛《ちょぎゅう》（一八七一〜一九〇二）の日本主義論であろう。高山は、明治思想界の主流を占めていた国粋主義が反欧化主義の要素を強調するあまり、一国主義的な視野から抜け出せず、世界史的な展望を欠く議論しか提供してこなかった点を鋭く批判した。

そこで高山は、日本が世界国家への飛躍を志向する論理を孕んだ新たな思想として国粋主義を乗り越える「日本主義」なるイデオロギーを主張する。「日本主義」では、日本国家共同体へ国民を思想的にも精神的にも強制動員し、国家的価値や国家的利益がすべてに優越するものとして位置づけられることになる。

「日本主義」は、国粋主義者によって強調されたように日本文化の伝統や遺産に日本民族の一体感を求めるのではない。西欧諸国家の侵略に対抗するため、何よりも他の諸国に優越する強大国家・覇権国家の建設という目標価値のなかに、民族としての一体感を求めるべきだとした。

自立した帝国主義国家への変容こそ、「日本主義」の本質的な命題であった。そこで最大の課題とされたのが、西欧先進帝国主義諸国家との競合と対立に耐え得る強大な国家の建設であったのである。こうした議論を展開するなかで繰り返し説かれたのが、日本民族の膨張性であった。その膨張性を鼓舞したのが徳富蘇峰の『大日本膨張論』（一八九四年）である。徳富の日本膨張論こそ、後に次第に形成される日本人の大国意識、あるいは「帝国意識」の原形をなすものであった。

その点では高山樗牛の国粋主義批判と同様に、徳富蘇峰の膨張主義も国粋主義の内攻性を批判し、日本国家および日本民族の発展を外攻性に求めようとしたものであった。要するに、国外に向けて発展の足がかりを掴むことが求められているとしたのである。

それは侵略思想そのものであったが、徳富は侵略思想への飛躍の契機を日清戦争の実現によって得ることになる。徳富にとって日清戦争こそ、防衛戦争として把握するのではなく、日本国家が大陸に向けて膨張していく一大機会と認識されるべきものであったのである。

当該期においては徳富蘇峰のほかにも、世界の植民地争奪戦に積極的に参画する地位を与えられた「大国民」としての日本民族は、強者ゆえに帝国主義戦争を生き抜く「適者」であるとする「適者生存論」を説いた歴史家、山路愛山（一八六四〜一九一七）がいる。さらには、日本を含めた諸列強の世界分割の合理性と必然性を「倫理的帝国主義」と命名して積極的に説いた思想家、浮田和民（一八五九〜一九四五）ら様々な帝国主義侵略思想が言論界や世論に大きな影響力発揮していく。

こうして徳富蘇峰や福沢諭吉ら、明治を代表する知識人の徹底した日清戦争正当化論では、形式論として欧米諸列強からの日本防衛や朝鮮・中国の改革の必要性を論じることになった。同時に、諸列強の動向を日本国家の危機と見なすことで、日清戦争を日本国家膨張の一大契機と積極的に評価していこうとする思惑が強く込められていたのである。

「戦後経営」の名の下に

明治二〇、三〇年代の大陸侵略思想は、日露戦後における最大の政治目標となった「戦後経営」という名の国家目標のなかに引き継がれていく。一九〇六（明治三九）年一月二五日、政友会出身の西園寺公望首相は第二二回帝国議会における施政方針演説で、「彼の満州経営、韓国の保護は共に帝国の為に努力せざるべからざる所にして、国力の発展は一日も緩うすべからざるなり」（大津淳一郎『大日本憲政史』第二巻、宝文館、一九二四年）と述べ、満州（中国東北部）と朝鮮半島への支配権の拡張こそが、国家発展の要と位置づけた。

それは、軍事力を背景として中国・朝鮮半島における西欧諸列強との覇権争奪戦に対応しようとする国家目標を端的に示したものであった。この「戦後経営論」の展開こそが、日露戦後における日本の大陸侵略思想の本格的な形成と実践に拍車をかけることになった。ついに、明治中期までの侵略思想が本格的実践の段階に入っていく。その直接の担い手となったのが、日本陸軍である。陸軍は日露戦争の全期間を通して約一〇九万人の兵力を動員した結果、約一二万人の死傷者を出し、一七億円の戦費を投じた。

結果として日本は、樺太の南半分の領有と旧ロシアの租借地（旅順・大連）および南満州鉄道とその付属地の利権、さらに朝鮮半島の独占的支配権を獲得する。日本は植民地を一挙に拡大し、外地に利権を獲得する。自他とも認める帝国主義国家への道を歩き始めたのである。

大陸侵略思想は、政策の次元で大陸政策という形態をとって押し進められて行く。ついには、一九〇六（明治三九）年二月九日、大山巌参謀総長により上奏され、明治天皇より裁可された「明治三九年度　日本帝国陸軍作戦計画策定要領」によって公式の文書とされる。そこには、「明治三九年度以降における帝国陸軍の作戦計画は攻勢を採るを本領とす」（陸軍省編『明治天皇御伝記資料　明治軍事史』原書房、下巻、一九七九年）と記され、従来の守勢作戦に換えて攻勢作戦を戦略上の基調とする方針が採用された。

以後、日本陸軍は一貫して作戦計画として攻勢作戦が採用されるところとなる。大陸侵略が日本国家発展と密接不可分のものとして、実践の対象とされていくのである。それで、陸軍の大陸侵略思想の有力な担い手のひとりとなる軍事官僚田中義一（一八六四～一九二九）の資料のなかから、当該期日本陸軍の大陸侵略思想の内容を紹介しておこう。

一九〇六（明治三九）年に執筆した「随感雑録」で、田中は「明治三九年度　日本帝国陸軍作戦計画策定要領」の先取りとなるような内容を次のように記していた。

> 戦後の経営は単に陸海軍の兵力を決定するか如き単純なる意義にあらずして我帝国の国是に伴ふ大方針を詳言するは海外に保護国と租借地を有し且つ日英同盟の結果従来の如く単に守勢作戦を以て国防の本質とせず必ず攻勢作戦を以て国防の主眼となさざるべからざることを基礎と

して戦後経営の第一要義とする（防衛研究所戦史部図書館蔵『田中義一関係文書』八）

田中の国防思想は山本権兵衛（一八五二〜一九三三）に代表される海軍主流派が、同時期に説いていた「島帝国」論を排し、「大陸国家」日本の構築に国家発展を期そうとする方針を赤裸々に語ったものである。それは同時に徳富蘇峰らの膨張主義や帝国主義思想を、正確に踏襲した内容となっていた。一九〇七（明治四〇）年四月、こうした方針は「帝国国防方針」となって公式化される。

その過程で示された興味深い対中国認識の一端を紹介しておこう。一九〇六（明治三九）年八月三一日、山県有朋は田中義一が執筆した「帝国国防方針案」（通常「田中私案」）を受け取ったが、そこでは「国利国権の伸張は先ず清国に向て企画せらるるものとす」とし、「国利国権」の対象地域として中国を位置づけた。中国を侵略するのは、「帝国の夫賦の権利」と断言していたのである。

田中の対中国認識の根底には、やはり中国への抜き難い差別意識と、「清国自ら其国内の秩序を保持する能はざる」といった文言に象徴されるような、主権国家中国の統治能力への著しい過少評価があった。同様に「随感雑録」でも、「清国がもし将来大発展をなして各国の欲望を挫折し得るの盛運に達するは前進尚ほ遼遠否殆んど空望に近からん」とも記していた。

しかし、「帝国国防方針」策定の実質責任者であった山県有朋は、田中ほど率直に中国切り捨て論を展開していない。たとえば「戦後経営意見書」（一九〇五年八月）では、ロシア再戦に備えて「第一に清国政府との関係を密接にし同国の進歩発達により以て東洋の無事を計るの必要なるは固より論を俟《ま》たず」（大山梓編『山県有朋意見書』原書房、一九六六年）と論じた。中国との対等な立場からする外交関係の緊密化と連携により、共同してロシアの脅威に対抗するという日中一体論を展開していたのである。

山県は「対清政策所見」（一九〇七年一月）でも、日露戦争中における清国の中立的態度の維持を一定程度評価していた。すなわち、中国国内における利権回収運動に象徴される反日的態度に警戒の念を示しながらも、戦争政策で対応するのではなく、「清国に対するや主として交情敦厚にすることを計り無用の誤解を惹き起すか如きことは勉めて之を避けざる可からざるなり」（同右）とし、対中国外交に慎重な態度で臨むことを説いていたのである。

確かに合理的な判断であったが、公式文書として山県により作成された「帝国国防方針案」（通常「山県私案」あるいは「山県元帥伏奏案」）は、「将来我国利国権の伸張は清国に向て企画せらるるを有利とす」として、「田中私案」をそのまま継承していた。対中国作戦の概要も、あるいは対中国認識「田中私案」と全く変わるところがなかったと言えよう。

大陸国家構想の実現

「帝国国防方針」では、「日本帝国の国防方針」第一項において「国権の伸張」は、まず満州と韓国を対象とした。次いで東南アジアから太平洋と拡大していき、これらの地域に利権を獲得することが

「国利民福の増進」に繋がると説いた。日露戦争で確保した「満州」および「韓国」での利権をさらに拡大し、同時的にアジア太平洋地域に日本の勢力を拡張することが、日本の今後の使命だと論じたのである。

この内容は田中義一が「随感雑録」で展開した「大陸国家」構想とほぼ同一であり、田中の意図する「大陸国家日本」の建設が国防方針を中心に据えられたばかりでなく、国家政策として以後の明治国家の進むべき道を規定していくことになる。田中の説いた「大陸国家日本」の建設は、換言すれば「攻勢国防論」や「大陸帝国論」とされるもので、当該期の日本海軍を中心に論じられていた、もうひとつの国家構想とも言うべき「守勢国防論」や「島帝国論」を実質否定したものであった。田中を筆頭に、特に日本陸軍によって、大陸に日本の活路を開くことが繰り返し強調される。

田中の主張に要約される「大陸国家日本」の形成という戦略こそ、明治初期から中期にかけて言論界で盛んに論じられた大陸進攻論や膨張主義を積極的に採用した結果であったと言えるのではないか。

こうした国防方針に規定された対中国政策が第一次満蒙独立運動（一九一二年）、第二次満蒙独立運動（一九一五～一九一六年）、第一次奉直戦争（一九二二年）、第二次奉直戦争（一九二五年）、郭松齢事件（一九二五年）、第一次山東出兵事件（一九二七年）、張作霖爆殺事件（一九二八年）、第二次山東出兵事件（一九二八年）、そして、日中十五年戦争の出発点となった満州事変（一九三一年）に至るまで、直接間接の軍事的かつ政治的行動となって実行に移されていく。

その過程で日本政府や日本軍部のなかで徳富蘇峰によって提唱された「日中連合論」は、陸軍省新聞班が作成した「国防の本義とその強化の提唱」（通称「陸軍パンフレット」、一九三四年一〇月）における「日満一体化論」や「日満支一体化論」、さらには石原完爾（一八八六～一九四九）の「東亜連盟論」、そして最終的には「大東亜共栄圏思想」に流れ込んでいったと言えよう。

これらの議論に共通するものは、侵略事実の自己正当化の論理であった。たとえば、「東亜連盟論」の原作者であった宮崎正義の『東亜聯盟論』（一九三八年）に書き込まれた、満州国の建国（一九三二年）が、「東洋解放とその新建設たる道義的・文化的意義を有する」（同書、改造社、一九三八年）という記述に象徴される。

さらには、日中全面戦争開始（一九三七年七月）後に盛んに論じられた「東亜協同体論」や、三木清（一八九七～一九四五）らにより提唱された「東亜共同体論」に代表されるような、アジア諸国との国家連合を構想しつつ、一面において中国ナショナリズムを正面から受けとめ、これを理解することで新しい連帯の有り様を追及した議論も展開されはした。

しかし、こうした議論も所詮は大陸侵略を続行しつつ、その一方でアジア連帯を叫ぶことの矛盾を克服するものではなかった。すなわち、一九三八（昭和一三）年一一月三日、近衛文麿内閣によって「東亜協同体論」を根底に据えた「東亜新秩序建設声明」（第二次近衛声明）が出され、結局は日本の覇権主義を隠蔽するイデオロギーとして活用されたに過ぎないことを意味していた。

日米開戦を一年後に控えた一九四〇年の中頃から登場する「大東亜共栄圏」思想には、無論アジア連帯を志向する思想的契機は全く見出せない。歴史事実が明らかにしているように、その名称の偽善性が遺憾なく発揮されていくことになる。

アジア連帯の主張が後退するなかで、被侵略諸国からの反日闘争を抑圧するため、日本国家は幻想共同体としての「大東亜共栄圏」思想に縋《すが》るしかなかったとは言えないか。「大東亜共栄圏」思想に孕まれた歪んだ対朝鮮・中国認識を、私たちは今後とも繰り返し厳しく総括していく必要があろう。

強者と弱者

さて、本章を閉じるにあたり、あらためて二点だけ強調しておきたい。

第一に、アジア論に内在する大陸侵略思想は、赤裸々な軍事第一主義を必ずしも採用していないことである。むしろ、軍事第一主義を避け、文明や文化に関連する用語や発想を多用し、侵略意図を覆い隠そうとする手法が目立つ。

台湾植民地統治に示された伊澤修二の国語教育に代表される「同化政策」、第一次世界大戦以後における民族自決の動きを踏まえて案出された朝鮮植民地統治下における「文化政策」などは、その典型事例であろう。そのことが侵略の事実や実態への認識力を弱め、逆に侵略思想を積極的に受け入れる結果となったのではないか。侵略戦争への国民動員が容易に進められてきた背景が、ここにあるように思われる。

第二には、日清戦争期に早くも定着するが、侵略思想が基本的には、ことごとく日本国家の政治的地位向上の手段として位置づけられたことである。欧米諸列強への対抗は経済でも軍事でも力不足であることを知っているがゆえに、アジア諸国に対する優位さを獲得することで、欧米諸国への劣等感を払拭しようとした。

物理的対抗に限界を感じたとき、「強者」（欧米諸列強）への依存と従属、裏返しとしての「弱者」（＝アジア諸国）への侵略と支配という対称性（シンメトリー）のなかで、辛くも国家としての、また「国民」としてのバランスを取ろうとしたのではないか。そうした動機づけを加速させたものが西欧諸列強への劣等感であり、一面においてこの劣等観念から脱却する論理として侵略思想が形成されてきた。

欧米諸列強への劣等感が逆に対アジアに対する優越感を拡げ、侵略思想の基本的な構造を決定づけていったのではないか。そこから、大国であれ何であれ、「脅威」から脱しようとする手段として、安直に軍事主義に依存する体質を指摘できるのではないか。この体質は、戦後の現在にまで持ち込まれている、と考えるのは言い過ぎだろうか。

これに関連して、日本人の多くを戦争へと駆り立てるうえで、重要な役割を果たしたとされる「大東亜共栄圏思想」は、巨大な幻想共同体構想であった。それは「脅威」から解放され、逆に自らがアジア諸国にとっての「脅威」へと変身することによって完結する。国民意識に深く根ざした「脅威」対処のなかで、アジア侵略が積極的であれ消極的であれ、支持されていった歴史の事実の深層を掘り返さない限り、この「脅威」対処の負の連鎖は、現代においても克服されていないのではないか、と思う。

「大東亜共栄圏思想」は、一部の軍事官僚や右翼言論人たちのスローガンに留まらない。日本人に深く食い込んだ観念（イディア《idea》）でもあったため、この観念の呪縛から解放されるのは容易ではないかも知れない。それで、「大東亜共栄圏思想」なるものは、当時の日本人のなかに、どのように伝播していたのだろうか。その典型的事例と思われる一節を引用してみよう。

映画評論家の佐藤忠男（一九三〇年生まれ）は、『草の根の軍国主義』（平凡社、二〇〇七年）のなかの「大東亜共栄圏のまぼろし」の章で、以下のような回想を記している。

> 大東亜共栄圏とは、日本の主導の下でアジアがひとつの経済ブロックとしてまとまって、その城内の貿易だけで繁栄してゆけるようにしよう、という考えた方です。……「資源も少なく人口の多すぎる」この国としては、その大東亜共栄圏というのがないと移民も寒い満州ぐらいにしか出来ないから、南方進出も必要だろうな。そうか、そのためにはやっぱり、アメリカ、イギリスとは戦わなければならないのか。そんな気分が、日中戦争の泥沼化していつ終るとも分からなくなってきた頃から徐々にたちこめはじめていたのです。

佐藤自身は、続けて「大東亜共栄圏というと言葉はきれいだけれども、なんとなく侵略の本音を美しい言葉で隠しているのではないか、ということは、子どもにだって感じ取れました」とも記している。それがいかに空虚な言葉だと想像し得ても、そこに理想やある種の期待感を抱いてしまった当時の空気が強く漂っていたことは確かなようだ。しかも、それが日本の軍事力によって担保されようとする錯覚を呼び起こしていたとすれば、なおさらである。当時の日本人のなかに、台湾や朝鮮の植民地、そして、「満州国」の経営の現実が存在した以上、それは想像以上のものであり、実像としてあったのである。

いま、その歴史の実像が当時の時代状況と現在の時代状況との、ある種の類似性によって蘇りつつある感すらある。それゆえにこそ、アジア論に内在する侵略思想の抽出と解体の論理の必要性を認識し、これをどう構築していくかについて繰り返し問題としなければならないように思う。そうでない限り、今日至る所で噴出している侵略思想や、新たな形態を伴って立ち表れるファシズムあるいは国家主義への対抗の論理を生み出していくのも困難ではないか。

依然として払拭されていない「大国意識」や「帝国意識」が、新国家主義的要素を孕んだ国益主義に結びつくとき、かつてのような国防ナショナリズムの色彩を帯びた、新たな侵略思想に行き着く可能性は多分にあるように思われてならない。

今日にあって経済発展著しい中国という、あらたな「大国」を「脅威」とみなし、これへの対抗措置として、アメリカへの依存を図りながら、再び軍事主義や国家主義の流れに身を任せようとする危うい時代となっているのではないか。このような時にこそ、歴史を読み返す不断の努力が求められているように思われる。

第三章　日本は誰に「敗北」したのか

1　敗北と降伏

「アメリカに敗れた」日本人

アジア太平洋戦争で日本は敗北した。それは誰もが認める歴史事実であろう。では、日本は一体誰に、どの時点で、どのような内容で敗北したのだろうか。

戦後日本人の多くが、「日本はアメリカに敗北した」と考えてきたのではないか。一九四五年八月六日の広島と、九日の長崎に投下された二発の原子爆弾によって、類を見ない甚大な被害ゆえに。アメリカを中心とする連合国軍の圧倒的な戦力の前に。そのように理解してきた。

そう総括することで戦後日本人は、敗戦の苦しみから懸命に脱しようとしてきた、と言って良いのかも知れない。アメリカに敗北したという考えが、戦後日本人の対米認識を支えもしてきた。日本を敗北に追い込んだアメリカへの過剰なまでの憧憬を生み、日米同盟関係を結ぶ理由となったように思われる。さらには、対米輸出主導型の産業構造に特化することで、戦後経済発展を実現してきたとは言えまいか。

だが、私は「アメリカに敗北した」とする立場には必ずしも与《くみ》しない。それは、日本は「アメリカに敗北したのではない」と言い張るためでない。また、「アメリカに敗北した」とするのが全て間違っている、と言うのでもない。最後には二発の原爆投下によって、日本の戦争指導部が降伏を決意し、「聖断」を下したことは間違いないことだ。

だが、ここに見落とされている何かがある。日本を真に敗北に追いやった国家や民族の存在である。同時に私には、随分と以前から、一つの思いに囚われ続けている。日本は、中国をはじめとするアジア諸国民の抗日戦争に敗北したのではないか、という思いである。

そう気づいている日本人は、決して少なくないように思う。たとえば、中国戦線から帰還した旧日本軍兵士の多くが、毛沢東率いる八路軍など中国人民軍の統率の執れた共産軍との戦闘体験を語るなかで、事実上の敗北体験を口にし、記録している。そこでは敗北体験まで言わずとも、その戦闘能力の高さを率直に認めていた。

たとえば、熊沢京次郎『天皇の軍隊』（現代評論社、一九七四年）には、中国の山東省萊蕪県旧寒鎮に派兵された第五九師団（通称、衣師団）第四五大隊第一中隊に所属する鈴木丑之助伍長の証言として以下の記述がある。一九四四（昭和一九）年一二月、日本の敗戦の八ヶ月前のことである。

秋にはいってから年末までのわずかな間に、周辺の萊蕪、魯西鎮、吐糸口鎮、範家鎮などの警備隊が中国人民軍の前に次々におとされてしまった。この旧寒鎮の分屯隊は安全かというとそうではなかった。皇軍の砦から約三〇〇メートル向こうには、小銃を肩にかけた中国人民軍が、まるでこちらの安全を守っている警備兵かと思えるように、昼間から行ったり来たりしていた。……中国側がこちらを攻撃しようとすれば一〇分くらいで全滅しそうだけれど、わざと攻撃しないだけだと思われるくらいでした。

こうした類の証言も今では数多く残されることになったが、そうした証言に通底しているのは、敗北の事実を体験しながら、それを認めようとしない屈折した感情である。ここに戦後日本人の戦争の総括の誤りが始まっているように思うのだ。

そこには、第二章で紹介したように、日本の近代化のなかで培われた中国への差別感情が色濃く浮き彫りにされているように思われる。つまり、日露戦争以後、明らかな様変わりを見せた日本人の対中国観が、中国に敗北するという現実をどうしても納得できなくさせていたのである。だが、敗北という歴史事実があるから、降伏という儀式が要求される。だが、戦後日本人は、ここでいう敗北の対象を読み誤り、同時に敗北と降伏とを同一視してしまったのではないだろうか。

敗北と降伏の事実はコインの裏表の関係なのである。アジア太平洋戦争を振り返る場合、二つの事実を先ずは分けて捉え直す必要があるように思う。

分けて考える意味は二つある。一つには、何よりも戦後日本の出発にあたって、敗北と降伏の事実を同一視しまったことで、日本が本当は誰に敗北したのか深く問おうとしなかったことだ。その結果、戦争の総括を最初から誤り、最初からボタンの掛け違えをしてしまったのではないか。

つまり、戦後日本人の多くが、二度と敗北の憂き目に遭わないために、世界最強のアメリカを見本として、アメリカのような強国になることが先決だと考えることになったのはないか、と言うことだ。そこから、アメリカのような大量生産と大量消費を基本とする高度資本主義国家への道を戦後の日本人は選択したのである。

安定し強力な保守政治に支えられた経済成長路線を敷く上でも、「アメリカに敗北した」という歴史の総括が、どうしても必要だった。戦後日本の体制を丸ごと肯定するためにも、不可欠な認識でありイデオロギーでもあったのではないか、と言うことである。「アメリカに敗北した」と言う総括は、直ちに戦後日本の肯定に繋がる。逆にこれを否定することは、戦後日本の有り様を根本から疑ってかかる立場となる。

一九五一年九月八日のサンフランシスコ講和会議により、日本は六年間の占領を解かれた。国家主権を取り戻し、国際舞台に復帰する。国際舞台に復帰するまでの六年間に、日本と日本人は、日本に駐留した部隊のほとんどがアメリカの部隊という事実に加え、連合国軍最高司令官がアメリカ人であるダグラス・マッカーサーということもあってか、アメリカによる敗北とアメリカへの降伏とする戦争総括に疑いを入れなくなった。

二つには、日中関係への捉え直しに関わっている。日本が中国に対する敗北事実の是非をひとまず置くとしても、戦後日本人が中国を含めた対アジア戦争の事実を必ずしも心に刻んでこなかったこと、もしくは忘れようとしたことが問題である。理由は、実に多様だ。何よりも、侵略戦争として加害の責任と向き合う余裕と用意が無かったためである。あるいはまた、そこに中国への蔑視の感情が潜んでもいたであろう。

多くの日本人が対中国戦争に従軍体験を持ち、日中戦争の生き証人として存在しながら、そこでの戦闘体験・戦場体験を口にしても、日中戦争という戦争をどのように位置づけるべきかについては曖昧にしてきた。それは、戦争の巨大さのためなのか、加害責任の大きさのためか、理由は様々であろう。

個々の戦闘での勝利体験や占領体験は、元出征兵士の格好の話題となった。だが、加害体験や戦闘での被害体験は、抑制せざるを得なかった矛盾を抱えて戦い、ある者は命を落とし、ある者は復員してきた。はっきりしているのは、中国への完全な勝利を手にすることが出来なかった事実と、それでも「勝利」しており、「敗北」を喫していないとする、一個二重の相反した思いである。

完全勝利を体験しないまま復員した元兵士たちにとって、勝利感を持ち帰れずとも、敗北感を口にする者は希であった。敗北感は、自らの苦々しい体験の肯定に繋がるからである。

せめてアジア大陸を戦場とする対中国戦では「勝利」を、そして、西太平洋を戦場とする対米戦ではアメリカに「敗北」したのだという総括のなかで、この戦争全体を捉えておきたい、とする心情である。その複雑な心情は理解できるとしても、このような戦争の総括では、いつまでも歴史認識を深めることはできないのではないか。誰に敗北したのかを問うことなくして、戦争からの教訓を引き出せないのではないか、と思う。

取り分け、中国を含めた対アジア戦が間違いなく侵略戦争であり、加害の責任を果たす対象であるとの自覚を持って初めて、歴史認識の深まりを期待できるのではないだろうか。同時に現実の問題として重要なのは、日本が対中国戦に「勝利」したという戦争総括が、対中国認識の深まりを阻んでいることである。

ここに至っては、ハッキリ言う他ない。「日本は中国に敗北した」という歴史事実を。戦後日本人の多くが自覚し、対アジア戦争は侵略戦争であって、アジア民衆の抗日意識と抗日戦争が日本敗北の決定的な理由であった、ことを。そう総括ができれば、当然に戦後アジア民衆への視点も異なっていたはずである。

日本と同じ敗戦国であるドイツは、先の戦争をドイツの侵略戦争だと自覚した。それゆえに被侵略諸国民への補償を逞しくし、〝ヨーロッパに帰る〟ために、ドイツはあらゆる軍国主義的な制度や思想の根絶に努めた。数多のドイツ人は、自らが選挙で選んだヒトラー率いるナチス（国家社会主義ドイツ労働党）が犯した加害の事実に目を背けず、正面から向き合ってきた。戦前の国旗も国家も変えた。その成果ゆえに、ドイツはヨーロッパに友人を見出すに至っている。これに比して日本は、あらゆる手法で戦前権力を温存し、軍国主義の諸制度の改編は試みるものの、不徹底のままであった。

日本は、「アメリカに敗北した」という総括により、戦前日本の改編を行った。結局のところ、日本は中国への「敗北」を拒否し、対中国観や対アジア認識を大きく変更することはなかったのではないか、と思う。日本はアメリカに敗北したのであって、中国には敗北していないという認識が、戦後日本人の対アジア認識、あるいは先の戦争に関する歴史認識の形成に決定的な限界を持ち込んだ。それればかりか、対アジア観念の修復の機会を奪ってきたのではないか。

いま、あらためて敗北の事実と降伏の事実とをいったん分けて捉え返し、戦後日本人が無視あるいは軽視してきた対中国戦、対アジア戦の戦争様相を再検討すべきであろう。

「日本人はアジアに友人を持っていない」

シュミット・ドイツ元首相が、かつて、「日本人はアジアに友人を持っていない」と発言したことは、よく知られている。シュミット元首相は、ドイツはかつての侵略責任を痛覚し、ヨーロッパ近隣諸国民と友情を育むために、あらゆる努力を惜しまなかったという自負を語って見せたのである。日本はアジアを貿易相手と見なすことはあっても、かつての戦争で失われた友情の復活には、あまり関心を払わなかった。何が原因だろうか。アジア太平洋戦争の総括を根本から誤ったことが最大の原因と言えないだろうか。

敗戦後、日本人は先の戦争を「太平洋戦争」と呼称（正確には呼称させられた）することになった。すでに触れてきたように、原爆投下によってアメリカに敗北したと考えた。結果として、中国を中心とするアジア諸国民の反日・抗日戦線によって敗北した事実を忘却してしまったのである。

「アメリカによる敗北」の観念は、過剰なまでのアメリカへの憧憬と依存の心情を戦後日本人に植え付ける結果となった。しかし、敗北認識の過ちが、戦後日本人の対アジア観念を大きく左右することになる。それは次の四点に集約されるのではないか。

第一に、アジア侵略戦争の教訓を充分に引き出せないスタンスを身につけてしまうことになったこと。第二に、アメリカへの過剰な依存体質が、今日に続く対米従属あるいは日米同盟の精神的基盤を形成していること。第三に、戦前期日本の軍国主義とは異質の、軍事的合理主義に裏打ちされたアメリカ仕込みの「力の論理」や「抑止論」に与する意識やスタンスを顕在化させることになったこと。第四に、戦前と同質の対アジア蔑視感情を依然として払拭できないでいること、特に中国の台頭という新たな状況の下で脅威感情と重なって、より複雑な排他的かつ戦前回帰的な心情を引き出していること、である。

これらが戦後日本政府及び日本人の対アジア認識を歪《いびつ》にし、取り分け過去の清算という問題（歴史問題）に真剣に取り組もうとしなかった原因ではないか。そればかりか、対アジア侵略戦争を「解放戦争」や「正義の戦争」と言いつのり、さらには、台湾・朝鮮植民地支配にも、当地の近代化に貢献したという自己評価が繰り返される。

この間、あらゆる場で歴史問題が語られてきた。ようやくそれが侵略戦争や植民地支配をどのように評価するのか、という問題に絞り込まれつつある感がある。その歴史事実の行為を現在から批判し、何らかの教訓を獲得しようとする人は、侵略戦争や植民地支配に「責任」の言葉を付す。いわゆる戦争責任論である。

しかし、圧倒多数の人たちが、その歴史事実を認めながらも批判の対象として捉えるのではなく、日本の近代化にとって不可避の歴史事実として受け止める。その視点からは、日本国民の歴史として、これを積極的に評価し、場合によっては称揚しようとする。単なる称揚から積極的に価値づけることで侵略戦争の用語を拒絶し、植民地支配を肯定する。その代わりに、アジア解放戦争論や植民地近代化論を用意する。

なぜ、かくも一つの歴史事実に多様な歴史認識が生み出されていくのだろうか。それが歴史理解の困難さ、あるいは歴史そのものの複雑さゆえであろうか。それとも、この国の歴史を日々刻んでいる私たち日本人に内在する、いわば歴史の課題が克服されていないからだろうか。

一枚の油絵

ここで次頁の一枚の油絵を見て欲しい。本書では白黒だが、実物は言うまでもなくカラーである。これを描いたのは、中国人民解放軍南京軍区の政治部に所属する陳堅という名の画家である。『日落公元一九四五年九月九日九時』と命名された油絵は、中国に派遣された日本軍（当時、支那派遣軍）が、中国軍に降伏書調印式の模様を限り無く忠実に再現したものだ。

出席者は日本側から支那派遣軍（当時）総司令官岡村寧次大将、同総参謀長小林浅三郎中将、副参謀総長今井武夫小将、参謀小笠原清中佐、海軍の支那方面艦隊司令官福田良三大将、第一〇方面軍

陳堅の書いた「日落」の絵

（台湾）軍参謀長諫山春樹中将等の陸海軍人である。画面右手で中央に進み出ている二人のうち、奥が岡村、手前が福田である。

これに対し、画面左手に直立して対するのが中国戦線陸軍総司令の何応欣陸軍一級上将である。通称「梅津・何応欣協定」と称された塘沽協定の中国側の責任者であった。何将軍は、かつて西安事件（一九三六年一二月）の折りに、討共司令官として西安を襲撃し、王兆銘（精衛）と結託して蔣介石打倒を画策したが、その後には蔣介石の片腕として、親日的将軍と目されてきた人物である。

一九四五年九月九日に行われた日本軍の降伏調印式（中国語の説明では「受降式」）は、中国の首都が置かれた南京市内の黄浦路元中央軍校（中央陸軍軍官学校）の大礼堂であった。一九二九年三月、国民党第三次全国代表大会の会場ともなり、一九七〇年まで人民解放軍軍事学院の校舎として使用された建物である。

陳堅は、重慶で発行されていた『大公報』（一九四五年九月一〇日付）に掲載された「日军签降一幕」（日本軍受降式の瞬間）と題する記事から、この油絵を構想した。この絵に描かれているように、連合国諸国の代表者や新聞記者、それに数百人の市民も傍聴席に座り、調印式の様子を注視している。現在、中国の国内では陳堅が参照したとされる何枚かの調印式の模様を捉えた写真がネット上にでもアップされている。

外地に派遣された日本軍は、現地でそれぞれ降伏調印式に臨み武装解除されていったはずだ。しかし、戦後の日本人には東京湾に錨を降ろしたアメリカの戦艦ミズーリ号上での降伏調印式の印象が余りにも強く心に刻まれているように思われる。

そのためか、戦後日本人の多くが日本は連合国軍に、それもアメリカ軍に降伏したのだ、という印象を強く抱くことになった。アメリカを中心とする連合国の代表の前で降伏調印式に臨んだことは紛れもない歴史事実である。だが、もう一つの歴史事実として、最盛時に約一九六万人に達する日本軍が派兵されていた中国の首都南京において、日本軍は降伏調印式に臨み、中国への敗北をも公式に認めていたのである。

一九四五年九月九日の歴史事実は明らかでありながら、長らく日本人の間に、この油絵で示されたような中国軍への降伏調印式の現場写真は、必ずしもオープンにはされてこなかった。それが意図的なものなのか、資料公開の遅れなのか定かでない。明らかなことは、戦後日本人の多くが、この絵で明らかなような中国軍にも屈服し敗北したのだ、という厳然たる歴史事実に必ずしも正面から向き合おうとしなかったことだ。

中国だけではない。かつて日本が侵攻した諸地域における降伏調印の模様は、必ずしも視界には入っていなかったのではないか、ということである。あまりにも強烈な戦艦ミズーリ号上の風景が、中国・南京での降伏調印式をはじめ、アジア各地で行われた降伏調印の風景を遠方に追いやっていたのである。

この一枚の油絵は、日本はアメリカにだけ敗北したのではないことを示しているように思われる。

米戦艦ミズーリ号上での降伏調印式風景

インドネシア、ベトナム、フィリピンの人々によって、そして日本による植民地支配から解放を求める台湾や朝鮮の人々によって、日本が敗北に追い込まれたように、日本軍の最大の派兵先であった中国に敗北を喫したことをあらためて想起させる絵ではないだろうか。
確かに、写真のインパクトは強烈であり、皮膚感覚を通して記憶に刻み込まれる。その象徴事例がミズーリ号上の写真である。ミズーリ号上の降伏式の写真は戦後実に多くの場で繰り返し使われてきた。その写真を表紙に用いた著作も国内外を含め極めて多く、挿絵の類は数え切れない。

連合国諸国の代表が列席したとは言え、アメリカの巨大な戦力の象徴としての戦艦ミズーリ号の甲板上において、戦艦の乗員と記者たちが見守るなかでの降伏調印式であった。そこでは連合国軍の、取り分けアメリカ軍の力によってねじ伏せられたことを強調するようなセレモニーとして演出された。これに対し、中国での降伏調印式では、絵から読み取れるように全体として凛とした雰囲気に包まれ、ある種の荘厳さを感じる。あれだけの惨禍を受けざるを得なかった中国側の要人や軍人たちも、これを見守る中国民衆も、どこか毅然とした態度である。

陳堅の油絵と、ネット上にアップされた写真をも含め、こうした資料は日本が一体どこに敗北し、そして、降伏したのかの問い直しを私たちに迫っているように思われてならない。戦後日本人が中国に敗北したことを認めようとしない理由は多様である。ここでは近代日本国家の成立からの日中関係史を紐解きながら、そこに露見される日本人の対中国観をあらためて考えてみたい。

私には敗北を認めない、認めたくないとする理由の大きな部分として、情報の量や質の問題だけでなく、それ以上に日本人の多くに通底する対中国認識あるいは、日中関係近代史に関する誤った歴史認識があるように思えてならないからだ。

いつ中国と戦争を始めたのか

日本が中国と戦争関係に入った歴史経緯を辿っていくと、その起点をどこに求めるべきかが問題となる。近代における日本と中国との対立関係は台湾出兵から始まるが、ここでは中国本国に日本が軍隊を駐屯させるに至る事件である義和団事件を中国侵略の起点として捉えておきたい。

日清戦争以後、清国は列強による半植民地化の危機に直面する。加えて、清国では日本への多額の戦争賠償金を捻出するため、増税など大きな負担を民衆に課していた。政府への反発が頂点に達していたのである。そうした状況のなか、宗教を媒介とする秘密結社組織が各地で結成され政府攻撃を始めていた。そのうち、最も有力であった一団が「義和団」と名乗る組織である

義和団は、混乱を深める一方の清国内で、営利を目的に活動していた列強の関係者への襲撃を繰返していた。清国皇帝も西洋諸列強に敵対する「義和団」の動きを暗に利用したことから、列強は清国に軍事介入を強行した。日本は、桂太郎首相が「将来東洋の覇権を握掌すべき端緒なりとす」(『桂太郎自伝　巻三』〔東洋文庫五六三　宇野俊一校注〕平凡社、一九九三年)と位置づけたように、これを清国への勢力拡張の絶好機として捉えた。

一九〇〇年七月六日、日本政府は、一個師団(約二万二〇〇〇名)の派兵を閣議決定する。この時、列強の連合軍兵力が四万七〇〇〇名であったことから、日本軍はおよそ半分の兵力を派兵したことに

なる。清国政府は連合軍との間に同年九月七日、「最終議定書」を調印するが、その結果、四億五〇〇〇万両の賠償金の支払いと、公使館や鉄道線保護を理由とする各国軍隊の駐兵権を認めることになった。

この駐兵権によって、日本は中国に支那駐屯軍を置くことになる。この軍隊こそ、後の日中戦争の基幹兵力となる部隊であった。義和団事件を口実とする日本の中国への兵力投入が、日中戦争の遠因となったのである。中国国内の混乱に乗じて中国植民地化を押し進め、軍隊によって中国に利権を拡大しようとする日本を含めた諸列強の姿勢に、正当性は全く認められない。軍隊の力を背景に手にした駐兵権（駐留権）は、主権の侵害行為であり、侵略軍である。帝国主義国家間の争奪の対象となった中国は犠牲を強いられていく。

日清戦争と義和団事件を主要な契機に、中国国内は無政府状態に陥って行く。中国の有力者のなかには、諸列強と通じて自らの利権の保守と拡張に動く者も少なくなかった。また、諸列強側にとっても中国で統一権力の不在状況は、利権を拡張するうえで好都合だった。日本をはじめ、諸列強は中国の内戦に拍車をかけ、文字通り、「国際内戦」へと拡大していった。中国での利権獲得という点で、諸列強に遅れをとっていた日本は、中国の華北地方及び東北地方を射程に据え、以後積極的に中国参入の機会を見出していくことになる。

その好機は、第一次世界大戦時に到来する。日本はドイツの租借地青島を奪うためにドイツの基地施設のあった威海衛を襲い、これを陥落させて手に入れる。同時に一九一五年一月一八日、大隈重信内閣の加藤高明外相は、中国政府に対して行った「五号二十一箇条の要求」を突きつけた。それは中国側にとっては、実に耐え難い不当な要求だった。第一号は山東半島のドイツ権益の日本への委譲、第二号は満州・東部内蒙古への日本の支配権の容認、第三号は鉱山の採掘権を多く所有する漢冶萍公司という中国の代表的な企業を日中合弁にすることなど、第四号は中国沿岸及び島嶼の不割譲あるいは不貸与協定、第五号が中国の中央政府に政治・財政・軍に関する顧問として日本人を招聘することなど中心とする内容であった。

要するに、中国にあるドイツの利権を奪い、中国東北地域への支配権を握り、中国の経済基盤を事実上手にし、中国の主権を犯し、中国への内政干渉を制度化しようとする企画である。それは、事実上中国の主権を著しく侵す内容である。その内容の過酷さにアメリカやイギリスまでも抗議をした程だ。この要求に、中国政府の農商総長の地位にあった周自齋は、一九一五（大正四年）七月五日付けで、日本の中国政策を批判し、以下のような談話を残していた。

日本は今やその勢力範囲を満州より山東及東蒙古に延長拡大し北京即四百余州の首脳たるべき首善の地区は殆んど其三面を日本の為に包囲されたる形勢となれり支那の人士たるもの従来の歴史に顧み日本の野心を疑はさらんと欲するも豈に得べけんや日本が支那の独立を擁護し支那の領土を保全するなと大声疾呼さるる丈けそれ丈け我邦人をして益々疑懼の念を強ふせしめ不遠朝鮮の覆滅を踏むやも計り難しなとの杞憂を懐かしむるも亦無理ならぬ次第なり（外務省編

済南事件碑の前で（2007 年 9 月）

纂刊『日本外交文書』大正四年第二冊、七九六文書）

しかし、軍事力を背景に強圧的な態度で迫る日本に、中国は承認せざるを得なかった。屈辱的な内容に中国民衆は激怒し、反日運動が激化する大きな原因となった。この時以来、中国民衆には日本が欧米諸列強以上に、中国をターゲットとする帝国主義国家という評価づけを拡げて行く。

欧米諸列強の圧力を受けて動揺と混乱を続ける中国政府とは別に、日貨排斥や日本商品排斥などのスローガンを掲げる中国民衆の怒りが露わになっていき、反日ナショナリズムの昂揚が顕在化する。中国民衆の動きにも拘わらず、日本は山東半島ルートを辿って済南に達し、華北地方一帯への進路を創り上げる。それが、後の山東出兵（第一次出兵＝一九二七年五月二八日、第二次出兵＝一九二八年四月一九日）であり、済南事件（一九二八年五月八日）に繋がる中国への本格侵略である。

侵略を必要とした理由

大隈内閣が過酷な要求を突きつけ、英米の抗議をも無視して強行したのは、日本の国内事情にあった。当時、日本は対外債務が二〇億円を超す財政悪化に陥っていたのである。加えて経済的困窮に苦しむ民衆の政府への怒りが爆発寸前の状況であった。

大隈重信内閣は、民衆の目を中国大陸に向けさせ、利権を拡張することで中国大陸からの利益獲得を意図した。経済界も不況脱出のために、中国の市場化を強く求めていた。そうした資本の強い要請と民衆の生活への不満が、中国に対する強面《こわおもて》の軍事行動の背景にあったのである。

しかも日本は、第一次世界大戦に西洋諸列強の多くが参戦していた関係で、アジア地域への関心が薄らぐという好機にも恵まれた。だが、火事場泥棒的な日本の立ち振る舞いは、中国民衆ばかりか、アジア諸国民の、そして世界の心ある人々の顰蹙《ひんしゅく》を買う。

いったん中国での利権獲得に成功した日本は、中国にさらなる触手を伸ばしていく。第一次世界大戦に便乗して山東半島に位置するドイツの租借地であった青島を奪い、次第に勢いを得て済南事件、山東出兵を経て、張作霖爆殺事件から満州事変、さらには上海事変などを次々に引き起こし、軍事力を先頭に押し立てて中国の制圧へと突き進んだ。日中全面戦争に至った蘆溝橋事件は、それまで積み重ねられてきた中国侵略行動の一つの到達点であったのである。

時代を遡ってみれば、義和団事件（一八九九年三月　山東で蜂起）の結果、中国は各国政府との間で「義和団事件最終議定書」（一九〇一年九月七日、中国では「辛丑条約」と言う）を交わした。これにより中国の首都である北平（北京）での駐兵権を手に入れた日本は、以来、口実を設けて徐々に兵力数を増やしていったのである。

その兵力の一部が、蘆橋溝付近での軍事演習中に中国軍と衝突し、日中全面戦争に発展する。国際議定書で承認されているからと言って、明らかに中国軍を挑発し、戦闘に誘引しようとする目的で繰り返されていた演習は、やはり問題であろう。

現在の問題に置き換えてみれば、在日米軍や在韓米軍は、常に大規模な軍事演習を行っているが、決定的な違いは当時の日本と中国が事実上において「敵対的な関係」にあったことである。現在の日米及び米韓の関係は、取り敢えずは同盟関係、あるいは友好国としてある。アメリカ軍が演習から戦争へとシフトする可能性は絶無だ、と日本でも韓国でも受け止められている。

ところが、当時の中国民衆からして、「敵対的な関係」にある日本の軍隊が駐屯し、挑発的な軍事演習を繰り返せば、どのような反応を採らざるを得ないか想像するに難くない。

蘆溝橋事件が起きてからの日本政府及び陸軍中央と現地の日本軍とは、意思の疎通が不充分であった。原因は同事件への対応をめぐって政府内では、かなりの混乱とその場しのぎの政策が目立っていたからである。

日本政府及び日本陸海軍との連携、あるいは中国での戦闘開始による日本の中国進出企業（いわゆる在華紡など）へのダメージの程度が明確に検討されていなかった。中国への経済進出から軍事侵略への完全な転換を躊躇する諸勢力が日本国内に存在していたのである。それゆえに、その場限りの政策しか打ち出せない。その結果が日本軍の逐次投入という形になって表れていたのである。

そうしたなかで、資本の強い要請があり、民衆の困窮の解消という戦争目的が掲げられるや、日本国内では支持ないし、これを肯定する世論が形成されていった。軍部は勢いを得て、活発に動き始めていた。いくつかの矛盾が、いわば場当たり的な政策や判断によって、先送りにされていったのである。その行く着く先が戦争であった。

言うならば、日本の政治と軍事との関係（政軍関係）の不安定さが、戦略なき侵略戦争を引き起こしていったと言えようか。それゆえに、出征兵士の間には混乱と不安が拡がり、その反動として中国各地で日本軍兵士による残虐行為が頻発する。その残虐行為の典型事例が、南京虐殺事件であった。

中国側にしても、一九三七年二月一〇日に国共合作を実現してはいた。だが、中国国民党内には、依然として中国共産党と反日戦線を形成することを躊躇する勢力が存在した。蔣介石は、その代表格と言って良い。

日本軍との戦闘が初期において不徹底であった原因も、そこにあった。蔣介石自身にとっては、第一の対抗相手は中国共産党であった。必ずしも日本軍でなかったのである。日本との停戦交渉などで融和的とも現在まで批判される理由である。

2 日中戦争以後

日本軍は何をしてきたか

日中全面戦争開始以後においても、日中両国軍の間に生じた激しい戦闘に巻き込まれる中国人民衆や日本人居留民が多数出始めていた。たとえば、一九三七年七月二六日の広安門事件、七月二九日の通州事件が相次ぎ起きた。特に後者の場合は、日本人居留民の二〇〇名以上が犠牲となった事件である。

日本国内に事件が知らされると、一気に中国への報復論が唱えられることになった。中国との戦争を本格化しようとしていた日本軍にとって、同事件は反中国感情を煽るに格好の材料であったのである。しかし、国際法に照らして不当な方法による日本の居留民殺害となれば、中国政府に抗議し、謝罪と補償を要求することは当然の行為である。居留民たちが、なぜ中国に在留していたかは別の問題として、日本人及び日本軍人が「被害者」となったことは事実だ。

だが、その一点のみを強調することで、日本の軍事発動を正当化することは間違いであろう。事件が発生する遠因に、中国の主権を侵し、軍事力を背景に利権を拡張しようとした日本の態度に問題があったからである。日本政府やマスコミは事件を大々的に取り上げ、反中国キャンペーンを張り、日本の中国侵略の意図を隠蔽するうえで利用したことも事実であった。日本政府は国際的な孤立を恐れ、また、特に対米関係の悪化を避けるために、中国に宣戦布告をしなかった。一九三七年七月七日の盧溝橋事件以降、日中間は戦争状態に入っていたのである。

一九三七年一二月一三日の南京事件は、日本の対中国観が露骨な形で表れた事件であった。南京事件とは、南京城の内外で起きた日本軍による中国人の大量虐殺事件である。中国側の説明では約三〇万名の人々の生命が奪われたと言う。

取り分け、日本の満州事変以降における中国民衆の根深い反日感情が存在したとしても、その感情を掻き立て、煽り続けた日本の軍事侵略の行き着いた先が、歴史上においても希に見る殺戮であった事実は隠しようがない。

南京事件とは、日本の中国侵略の本質が集約された事件であったのではないか。日本軍及び日本人が、中国及び中国人をどのように捉えていたのか、そして、日中戦争をいかに位置づけていたかを具体的に示す事件として記憶に留めておかなくてはならない歴史事実である。

前近代にあって日本の政治・文化の主要な手本として存在した中国への畏敬の念を棄て、中国を制圧の対象とし、日本資本主義にとって格好の市場と位置づけ、巨大な利権が拡がる土地として捉えようとした。ここでは明治初期において民権論者であった杉田鶉山《じゅざん》が説いたような専制権力による圧政からアジア人民が解放されるためにこそ、連帯を通してアジアの地でも民権論の拡張が不可欠とする発想は一欠片もない。

また、樽井藤吉が主張する中国と同盟関係を結び、欧米の資本主義の攻勢に立ち向かうという姿勢も完全に消え去っていた。言うならば、徳富蘇峰が強調してやまなかった日本民族膨張主義が果敢に実践されていくことになったのである。

こうして、無謀かつ不合理な判断が、軍部の急進派や国家主義を標榜する右翼諸団体によって先ず主張された。続いて古河や大倉などの新興財閥が、次に三井や三菱などの旧財閥がこれを追った形となった。軍部と財界との繋ぎ役として、政党政治家や革新官僚あるいは新官僚と呼ばれた官僚たちが活躍をする。つまり、中国侵略は軍部、財界、官僚及び政治家の三位一体による指導の下で強行された、と言えよう。これに国民世論が誘導され、動員されていった結果としてあるのではないか。

蘆溝橋事件によって本格化した日中全面戦争によって、中国民衆の抗日意欲は一段と高揚していた。蔣介石国民党政府にしても、和平交渉に乗るのはすでに不可能となっていたのである。これまで抗日戦線の形成をめぐり、日本に時として融和的態度を見せていた蔣介石にしても、日本が率先して中国からの完全撤退と侵略戦争責任を認め謝罪しない限り、どのような和平提案であっても飲むことは無理となっていたのである。

仮に和平工作を受け入れるならば、蔣介石の地位は危うくなったことは間違いなかった。同時に国共合作が崩壊に繋がることも充分予見できた。また、南京事件の事実が中国国内で知れわたり、南京在住の国際赤十字や主要各国のメディアによって世界に伝えられると、日本への不信と反発が深まっていたのである。

そうした国際社会の動きを十分に把握できなかった日本政府周辺と、さらには日本の民衆は、中国の徹底抗戦の背景にある国際社会の動きと中国人民の抗戦意欲を読み取れないままであった。メディアが報ずる日本の「連戦連勝」と「中国政府の暴虐ぶり」の記事は、中国への敵愾心を煽るばかりであった。

当然そのような日本人からすれば、日本の和平交渉の提案に応じない中国政府の態度に不満と反発を抱いたのも不思議ではない。日本政府と日本人は、加害と侵略の立場にありながら、自らの立っている位置を読み取れずにいたのである。中国側の不当性だけを繰り返し主張することは、自らの不当性に眼を瞑《つぶ》る行為と言ったら言い過ぎだろうか。

閉ざされた環境に自らを置いた侵略国あるいは侵略者は、自らの不正義に気づかないか、あるいは意図的な隠蔽のなかで、過剰に「正義」を主張しようとするものである。日本の対中国戦争の実際を詳しく追えば追うほど、中国人に向けられた侵略という暴力は、数多の中国人の生命を奪うと同時に、日本人の思考を鈍らせていたのである。

日中戦争は名の通り二国間の「戦争」ではあったが、当然ながら当時の国際秩序、取り分けアジア地域における秩序の再編という課題をも背負っていた。日本の中国侵略は中国大陸に覇権を求め、日本資本主義の権益を獲得しようとする日本国内の諸勢力の宿願から生じた行為と言える。そのことは同時に、アジア秩序の限りない変動をもたらすことが予測された。

中国大陸は日本と同様に、資本主義諸列強にとって権益を確保し、利益獲得の絶好地として見積もられていた。その限りでは、欧米諸列強と日本との獲得目標が合致する場であった。欧米諸列強と日本との対立と衝突とが、絶えず予測される地であったのである。諸列強間で平時から相互に牽制と妥協、時として恫喝とが実行された理由である。

その意味でたとえば、日英同盟協約（一九〇二年一月三〇日調印）も日露協商（一九〇四年八月二二日調印）も、あるいは桂・タフト覚書（一九〇五年七月二九日調印）も、日本がイギリス、ロシア、アメリカと結んだ中国をめぐる妥協と圧力の産物であった。二〇世紀を迎えて、これら諸列強の中国を中心とするアジア諸国の覇権をめぐる攻防は複雑かつ熾烈な絡みを演じ始めていたのである。そこで、いったん時代を遡って、日中全面戦争以前の時代を振り返る必要がありそうだ。

戦前の世界秩序

日中全面戦争から対英米開戦に至るまでの日本国内の動きと、国際政治の流れを概観しておこう。中国大陸での利権確保を狙っていたアメリカは、日清戦争で日本が勝利してから警戒心を抱くところとなり、一八九七年に早くも対日作戦計画である通称「オレンジ計画」を策定する。さらに、日露戦争に辛くも「勝利」した日本の膨張ぶりへの対応から、一九〇四年にはセオドア・ルーズベルト大統領の命令により、陸海軍統合本部が新たな「オレンジ計画」（War Plan Orange）を策定した。それは、日本を仮想敵国と定め、封じ込めるための長期的な戦略計画であった。

アメリカは日本に対し友好親善に努める一方で、軍事プレゼンスを示すなど硬軟両様の政策で臨むことになった。アメリカの長期戦略を策定するのは、軍事国家でもあるアメリカにとっては当然のことであり、一国の軍隊は必ず仮想敵国を設定して軍備拡充を積み重ねていく。

日本でも一九〇七（明治四〇）年四月一九日、元帥府が「帝国国防方針」、「国防に要する兵力量」、「帝国軍用兵綱領」を承認した。国防計画が毎年策定されることになる。日本海軍は第一の仮想敵国をアメリカと定め、日米開戦に備えることになる（日本陸軍はロシア、次いでソ連を第一の仮想敵国とした）。時を同じくして日米両国は、相互に仮想敵国として相互規定の関係に入っていたのである。以後、日本海軍は、アメリカの海軍力を精査するなかで軍備の拡充に奔走する。

中国での覇権争奪を起因とする日米両帝国主義の衝突の可能性は、二〇世紀の時代に入るとほぼ同時に強く押し出されてきた。取りわけアメリカも、すでに中国で利権を確保していたイギリスとフランスから比べれば後期参入者であった。アメリカが狙いを定めた地域が華北地方と東北地方ということもあり、勢い日本との衝突を将来にわたり回避することは困難になりつつあったのである。

日本陸軍は日露戦争に「勝利」したとは言え、ロシアとの再戦の可能性を読み取り、さらにロシア革命（一九一七年一一月七日）以後は、社会主義ソ連の打倒と、シベリアへの侵攻を企画する。そのためにも、中国での覇権確立は必須の条件となった。日本海軍も、日本海海戦に象徴される日露戦争「勝利」の一方の立役者としての自負心を強めており、アジア地域の覇権争奪はアメリカとの戦争によって決定されるとの展望を抱くことになる。

日本陸海軍は、中国での覇権確立を通して、自らの地位を強化し、存在意義を見出していくことになる。同時に、日本陸海軍が相互に中国への軍事介入を競争的に実行するパターンを繰り返す。その一つの到達点が満州事変（一九三一年九月一八日）であった。

満州事変で国内世論にアピールした日本陸軍に対抗するかのように、日本海軍は、翌一九三二年一月二八日に上海事変を引き起こす。そして、一九三七年七月に蘆溝橋事件で日本陸軍が中国軍と戦闘状態に入ると、日本海軍も翌八月一三日に陸戦隊を上海に出動させ、中国軍と交戦すると言った具合であった（第二次上海事変）。日本はイギリス、フランス、アメリカなどの中国介入に対抗し、同時に国内諸勢力間の競合関係を引き出しながら、中国をめぐるアジア秩序の解体と再編に奔走したのである。

中国は諸列強間の争奪の対象という点に留まらず、国内諸勢力が自らの役割期待を訴え、組織自体の強化を図る上で主要な場所となっていた。国内メディアや世論にしても、陸海軍の中国での「活躍」ぶりを激しい報道合戦のなかで過剰に伝え、世論を煽ぎ、反中国感情を掻き立てた。その結果、陸海軍の中国侵略を称揚していく。

そこでは主権国家中国を犯すことの不正義への指摘が、一切なされなかったと言っても過言でない。中国侵略による制圧が、日本の大陸での「発展」に結果するという観念に支配されていたかのようであった。そこから、日本の「発展」を阻害するアメリカをはじめ、諸列強の行為は到底容認できない、という国内世論が生まれてくる。

満州事変が日本の「自衛行動」でないと判定したリットン調査団の報告書を、国際連盟が採択（一九三三年二月二四日）すると、国際連盟脱退を通告した日本政府の判断の背景には、そうした国内メディアや世論の動きがあったことは間違い。中国を完全に制圧するために、欧米諸列強中心の国際連盟からの規制をも逃れたい、とする日本政府のスタンスが、後に対英米戦争へと繋がっていく。こうして、日中戦争の延長として対英米戦争が設定されていくのである。

ところで中国をめぐる諸列強の覇権争奪の動きのなかで、これへの対処をめぐり日本国内には、一九二〇年代以降から、大きく言って二つの流れが登場する。一九二一年一一月一二日に開始されたワシントン会議で締結された九カ国条約は、諸列強が挙《こぞ》って日本の中国への過剰な介入を阻止しようとしたものである。ワシントン会議によって、アジアの秩序はアメリカやイギリスを中心に決定される、とするワシントン体制と呼ばれる新たな秩序が確認された。

ワシントン会議によって確定されたアジア地域における英米中心としたアジア秩序（＝所謂ワシントン体制）への同調と反発を背景にして、当時の日本国内では、大きくいって二つの路線対立が表面化しつつあった。すなわち、ワシントン体制を受け入れ、親英米的なスタンスを採用することで日本資本主義の発展を期そうする対英米協調主義路線と、自立した帝国主義国家日本を構築しようとする勢力、言うならばアジア・モンロー主義路線である。

かつて孤立政策を採ることでヨーロッパ諸国のアメリカへの干渉を排除しようとしたアメリカの大

統領モンロー（James Monroe, 1758-1831）の名から命名されたアジア・モンロー主義路線は、日本の軍部の対外方針を示す用語として、日本現代史の研究者である江口圭一によって命名された（江口圭一『日本帝国主義史研究』青木書店、一九九八年刊、参照）。この二つの路線をめぐる揺れ動きが、以後日本の軍事・外交方針を大きく規定していくことになる。

第一次世界大戦を起点とする国際平和、民族自立といった国際政治の基調が日本にも及ぶなかで、一九二〇年代は、概ね対英米協調主義路線を採る勢力が優位を占め、国内における大正デモクラシー状況のなかで政党政治が展開される。

そこでは三井や三菱など旧財閥に支援された政党が、可能な限り武力に依らない中国市場の確保を求めていた。その限りで、対英米協調主義路線は、日本資本主義の発展にとって当然の選択であったのである。

そのことは事実上において、日本資本主義が英米に依存することを意味した。しかし、それはあくまで自立した帝国日本を目指すアジア・モンロー主義路線を採る勢力にとって受け入れられない選択であった。日本の出先軍隊である関東軍の急進派将校によって引き起こされた満州事変は、帝国日本が英米への従属を断ち切り、自立した帝国として歩むことを促そうとする軍部や右翼らを中心とするアジア・モンロー主義勢力が断行した〝国外クーデター〟と言えようか。

以来、二つの路線対立が本格化する。アジア・モンロー主義路線を採る勢力は、取り敢えず満州事変後、中国東北部（満州地域）に「満州国」（後、満州帝国）を建設し、ここを自立した帝国日本の実験場とすることに成功する。

「満州国（満州帝国）」（中国では「偽満州国」と言う）では、東條英機に代表されるアジア・モンロー主義路線を標榜する陸軍統制派と称される軍人、岸信介に代表される革新官僚と呼ばれた官僚、有力な新興財閥であった鮎川義介の率いる日本産業株式会社（戦後の日産）ら、軍官財が一体となって政治システムを起動させる「総力戦国家」を構築する。

一九四一年一〇月一四日に東條英機が内閣を組織するにあたり、岸を副総理格の商工大臣として入閣させるなど、「満州内閣」と呼ばれる組閣となって具体化する。中国東北地域に日本が創り上げた傀儡国家「満州国」で構想された「総力戦国家」を支えた軍部・官僚・財界の出身者が、東條英機政権の中枢を担うことになったのである。

東条「満州内閣」の実現は、アジア・モンロー主義路線を採る勢力による「総力戦国家」の構築を射程に据えた内閣であった。勿論、東条内閣の成立によって、対英米協調主義路線を採る勢力が完全に駆逐された訳ではない。昭和天皇は、依然として日本の対外路線をアジア・モンロー主義勢力の主張だけに委ねることに躊躇していた。

従来から親英米派へのシンパシーを捨て切れず、対英米戦となった場合、勝利の確信を持てずにいた昭和天皇からすれば、英米との完全な決裂までには踏み切れずにいたのである。

米ソと中国

日本は対中国戦において宣戦布告しなかった。その点で国際法上は、アメリカは中国にも日本にも一定の物資を中国には提供し、日本との間には貿易という形式で、いわゆる物流が活発に展開されていた。日米貿易も、一九四一年一〇月一八日に東條英機内閣が成立し、一二月八日の真珠湾攻撃の直前まで交易が実施されていた。最後は屑鉄や石油という戦略物資が途絶する格好になったものの、日中戦争の開始後、ほぼ四年間は貿易が実施されていた。

一方、アメリカは義勇軍（正式名称は、American Volunteer Group 略称ＡＶＧ）を中国に派遣していた。アメリカもまた非公式に日中戦争に参戦していたのである。義勇軍は主に航空兵力から編成され、その名をフライング・タイガーと呼んだ。アメリカ本土の三九の州から募集された義勇兵たちの、約一〇〇名近いパイロットを中心とする陣容であった。

アメリカだけでなく、ソ連の空軍兵士も重慶爆撃に抵抗する中国空軍に義勇兵として参戦していた。アメリカにとって、当時日本は重要な貿易相手国であり、ソ連は日本と不可侵条約を締結していた。それでもなお軍事的支援をなそうとすれば、義勇軍という形式を踏まざるを得なかったのである。丁度、朝鮮戦争当時、中国が義勇軍の形で一〇〇万名近い義勇軍（正確には「人民志願軍」と言う）を北朝鮮支援のために、朝鮮戦争に派兵したことと酷似する。

欧米諸列強と肩を並べ、中国の利権確保に奔走したのはイギリス、フランス、アメリカ、そして、日本などである。その利権争奪の過程において諸列強間で中国を舞台に戦闘が繰り返されたことを全体の視点から捉えておくべきであろう。どちらが先か後かという問題は、敢えて言うならば副次的な問題であり、要は欧米日の諸列強が中国人民に犠牲を強い、中国のインフラを破壊しながら中国を植民地化・市場化しようとしたことが、極めて重大な問題と言えようか。

日中戦争は、決して日本と中国との二国間だけの戦争ではない。日本の侵略に対して、最初から妥協せず抗日戦線の形成に奔走したのは中国共産党であった。同党は国際共産主義運動の進展という立場から、ソ連共産党などに支援を求めたのである。

一方、蔣介石率いる国民党は浙江財閥など民族資本家に支えられた権威主義的な独裁政治と言える体制を敷いていた。ソ連は中国共産党に第一次国共合作当時から支援しただけでなく、国民党にも大量の軍事顧問団を送り込み、北伐を側面から支援した。しかし、中国共産党と国民党とは事実上の内戦状態にあった。

この間、国民党の共産党排除の方針が一貫しており、蔣介石による五次にわたる掃共作戦が繰り返される。中国共産党は、一九三四年四月一〇日の「全国民衆に告ぐるの書」を公表し、反日統一戦線の樹立を呼びかけた。さらに翌年八月一日には、有名な「八・一宣言」を行い、抗日救国統一戦線の構築を訴えた。

中国共産党の粘り強い抗日戦線形成への動きは、同年一二月九日に起きた日本の華北分離工作に反対する学生運動の形でも表現された（「一二・九運動」）。こうした中国国内の動きの一方で、日本国内で日本陸軍創設以来最大の軍隊の事件（二・二六事件）が起きた。日本の廣田弘毅内閣は、二・二六事件で一段と勢いを増しつつあった軍部の圧力に押される一方であった。一九三六年八月には、「第二次北支処理要綱」を作成し、中国・華北地方への軍事侵攻を鮮明にせざるを得なかったのである。

中国共産党は国民党政府に抗日民主国共合作と民主共和国の樹立を提唱したが、蔣介石はこれに応じようとせず、ひたすら共産党軍の壊滅を意図する作戦を続行した。

一九三六年一二月一二日、張学良が蔣介石を西安で拘禁する事件が起きた（西安事件）。これはスターリンの差し金で張学良が蔣介石に国共合作を迫ったとする説が存在する。これは、当時すでに高まっていた中国民衆の抗日意欲を評価しない見方である。

国共合作成立への道程は、決して平坦ではなかった。成立に漕ぎ着けたのは、翌年一九三七年七月七日の蘆溝橋事件による日中両軍の全面衝突を経て、同年七月一七日に蔣介石と周恩来との会談（廬山会談）後であった。こうして第二次国共合作が成立したのは、同年九月二三日のことであった。

紆余曲折を経て初めて中国民衆は二つの党に指導され、抗日戦線の陣営に総動員される。この間にも、両党への経済的かつ軍事的支援が各国から寄せられた。たとえば、ソ連は一九三八年に一億ドルの対中借款、四一年には一億五〇〇〇万ドルの借款条約と一億四〇〇〇万ドルの軍需物資供給契約を結んだ。さらに、ソ連の軍事専門家三六六五人が対日戦に参加したとする記録ある。

この間に南京陥落後、臨時首都となった重慶への日本軍機による無差別爆撃を迎え撃った中国空軍にはアメリカやソ連から義勇兵としてパイロットも参加した。先に紹介したフライング・タイガーは、一九四二年七月三日に解散するまで、記録によれば日本軍機二九六機を撃墜し、約一〇〇〇名に達する戦死を日本軍に強いたと言う。

要するに日中戦争とは、二国間だけの戦争から、たとえ正規軍の増援という形を採らずとも、主にソ連やアメリカとを巻き込んだ戦争という性格を持っていた。中国が決して国際的に孤立して日本の侵略に対抗したのではなく、国際社会からの支援のなかで、日本の侵略意図を挫くための戦線が大なり小なり構築されていたのである。

たとえ、ソ連の中国社会主義政権樹立に向けた動きであろうと、また、戦後における中国市場への参入を本格化しようとするアメリカ資本主義の思惑があったとしても、米ソ両国は軍事制圧により、中国における独占的地位を確保しようとした日本の露骨な侵略主義を排除する、という一点においては共通認識を抱いていたことは確かであろう。

日本敗戦後、共産党と国民党とは、再び内戦状態に入り、最後は共産党の勝利により一九四九年一〇月一日に中華人民共和国が誕生する。その点だけを取り上げて言えば、スターリンが指導するソ連共産党の思惑通り事が運んだと言える。だが、それは後から付け加えた歴史解釈に過ぎないのではないか。大事なことは、中国政府及び人民の抗日意思の確かさであり、強固な意志を生み出した背景に、日本の侵略行動への徹底批判・徹底反抗をスローガンにした抗日ナショナリズムと言っても良い、熱い思いが存在したことであろう。

勝利か、敗北か

日中戦争を論じる場合、中国に派遣された日本軍は、正規戦闘において概ね勝利しており、小規模戦闘は別にして、「日本軍は勝利していた」との主張がよくなされる。実際に、一九三八年一〇月二七日、中国の要衝である武漢三鎮が日本軍によって占領されたことは、中国政府及び中国人民にとって重大な危機であった。南京陥落と首都移転という中国にとっての危機は、同時に中国民衆の抗日意欲が一段と高まる一大契機となったことも事実である。

日中全面戦争の開始（一九三七年七月七日）以後、大規模な戦闘にまでは発展せず、睨み合いの状態が続いていた両軍の動きに大きな変化が見られるのは、大本営が一九三八年四月七日に発動した徐州作戦であった（同年五月一九日、徐州占領）。日本軍は、この作戦に約三〇万の大軍を動員し、中国の主力軍を撃滅する作戦を展開した。武漢三鎮の陥落には成功したものの、中国の主力軍の補足撃滅には失敗する。言うならば戦術的勝利と戦略的失敗によって、両軍の戦闘は早くも長期化が予測されることになったのである。

この時点で日本軍はすでに中国に二三個師団（約七〇万人）、満州・朝鮮に九個師団を展開しており、国内には近衛師団を残すのみで、これ以上の軍隊の投入は不可能となっていた。武漢三鎮の陥落時点までに、中国の主要都市や鉄道など主なインフラは日本軍によって占領されてはいたが、それ以上の奥地へと軍隊を進めるのは困難を極めた。両軍の戦闘は、完全に膠着状態に入ったのである。

その後、日本陸海軍は、新首都重慶への戦略爆撃（無差別爆撃）を敢行し、数多の重慶市民に甚大な被害を与えるが、それは抗日意欲をかき立てるだけの結果に終わった。この点に関して、重慶爆撃の実態を克明な現地取材と証言収集によって明らかにした前田哲男の『戦略爆撃の思想　ゲルニカ、重慶、広島』（凱風社、二〇〇六年）は、次ぎのように記している。なお、南京陥落後、中国政府の臨時首都となった重慶には、一九三八（昭和一三）年一二月二五日から、文字通りの無差別爆撃が開始される。

なるほど空襲による破壊は甚大なものだった。多くの人命が失われ、なお継続する爆撃に人々はへとへとになっている。けれども物理的破壊の大きさがそのまま精神的破壊、戦意の挫折に結びつくわけではない。偵察写真に写ることのない重慶市民の抗日への意思は、反対に高まろうとしていた。日本軍は住民の空襲に対する恐怖の気持ちを、厭戦、屈服の方向へ誘導しようと策したのだが、エドガー・スノーも見た通り、重慶の人々はそれに立ち向かう側へと態度を固める道を選んだ。

こうして日中両軍は、いわゆる持久戦の段階に入った。それゆえに、徐州作戦以降、大規模な戦闘は起きなかった。日本軍が占領地域の確保に手一杯で、あらたな侵攻作戦を展開するだけの戦力的余裕など皆無に近かったからである。

以後、中国軍や中国民衆はゲリラ戦を各地に展開し、小規模戦闘を重ね、日本軍に長期的消耗戦を強いることになる。この間に日本軍は、駐屯兵力を細分化してゲリラ戦への対応を迫られた。この間にも日本軍兵士に厭戦機運が拡がっていき、上官への不満が噴出する。

たとえば、一九四二（昭和一七）年一〇月一五日、中国湖北省広水鎮に駐屯する輜重兵第三連隊第一中隊の下士官七名が将校団への暴力行為を働いたとされる広水鎮事件、同年一二月七日、山東省館陶県に駐屯する独立歩兵第四二大隊第五中隊の兵士六名が将校団を襲撃した館陶県事件など、これまた枚挙に暇ない。

軍の側からすれば、こうした事件に表れた軍紀・風紀の紊乱《びんらん》は、日本軍が内部から崩壊する兆しとして強い危機感を抱かざるを得なかったのである。そこから、敗戦の年となる一九四五（昭和二〇）年二月改訂の「歩兵操典」には、「軍紀にしてその弛張は実に軍の運命を左右するものなり」と記さなければならなかったほどである（纐纈厚編・解説『軍紀・風紀に関する資料』不二出版、一九九八年、参照）。

その意味でも、「日本軍の圧勝」とか「連戦連勝」という事実は無い。それよりも、実態は抗日意欲を背景に中国民衆の抗日戦により、日本の兵力は出血を強いられ、国力そのものを消耗していき、敗北への道を歩むことになったと言うのが正確ではないだろうか。

中国との戦争が敗北であったことを一応は認めつつ、それでも日本が行った対中国戦争は決して無意味ではなかった、とする議論が依然として日本国内で存在することも確かである。たとえば、その理由づけとして、頻繁に引用される連国軍最高司令官ダグラス・マッカーサーの次の言葉である。

一九五一年五月三日、アメリカ上院の軍事外交共同委員会において、「太平洋において米国が過去百年に犯した最大の政治的過ちは、共産主義者を中国において強大にさせたことだ」と述べ、「日本が戦争に飛び込んだ動機は、大部分が安全保障の必要に迫られてのことだった」と証言したことを引用して、日中戦争が「防共戦争」であったとする主張である（小堀桂一郎編『東京裁判 日本の弁明』講談社、一九九五年）。最初に確認しておくべきは、何よりもマッカーサーという軍人が、どのような思想の持ち主であったか、また、この発言がなされた一九五一年という年がどのような時代であったか、ということである。

マッカーサーはアメリカの陸軍参謀総長を歴任した、反共主義者として有名である。その前年の一九五〇年六月二五日から朝鮮戦争が始まっており、ソ連や中国の支援を受けた北朝鮮の侵攻に朝鮮半島全域が占領される寸前にまで行き、また、中国では蔣介石率いる国民党と毛沢東率いる共産党の内戦が始まっていた。

アメリカは戦後におけるアジア進出の拠点と見なしていた中国における内戦は、勢い日本をあらたな反共防波堤国家として見直しを迫っていたのである。

マッカーサー発言は、戦後日本の行き過ぎた民主化を見直し、日本をアメリカの反共政策の一翼を担う反共国家へと切り替えようとする思惑が露骨に示された内容であった。

マッカーサー発言の前後から、アメリカの対日政策は変化を見せ始め、いわゆる「逆コース」と言われる民主化政策の見直しが進められていくのである。戦後の反動化の始まりである。

一九五一年九月八日、サンフランシスコ講和会議において日本は国際舞台への復帰を許される。同時にアメリカとの間に、日米安全保障条約が締結される。その結果、日本全土がアメリカの基地となることを約束させられたのである。言うならば、「民主国家」から「反共国家」への切り替えが、アメリカの対アジア戦略の方針によって決定されていく。その視点からは、日中戦争の敗北と、その後における中国内戦という事態を通して、日本は反共国家として再出発したことになる。

こうした日本の動きは、一九四九年一〇月一日、中華人民共和国の成立による社会主義中国の登場の直接的反映とも言える。そのことによって、日本の対中国戦敗北という歴史事実が後方に追いやられていったのではないか。つまり、日中戦争終了後、中国は一丸となって戦後復興を遂げるなかで、同時に過去の戦争を問い直す作業に入るはずであった。それが、言うならば国家が分裂していくことで、その余裕を失っていく。中華人民共和国は社会主義勢力圏に取り込まれ、そして、台湾に逃れた蔣介石は中華民国の再建を第一の目標とする。

冷戦体制のなかで、アメリカは蔣介石率いる台湾への経済的かつ軍事的支援を行うことで、大陸中国への牽制に動いた。台湾はアメリカの支援を仰ぐなかで、日本の戦争を問う機会を与えられなかったのである。

そうした日本敗戦後における、中国と台湾をめぐるアジアの新たな環境変化によって、東京裁判は別としても、戦後日本と日本人が戦争責任を問われることはなかったのである。過去の戦争の責任を問われないことが、日本人の多くに侵略責任や植民地責任を希薄にさせていったのではないだろうか。

アメリカの罪と罰

戦後日本政治の内実に決定的とも思える性格を刻み込むことになった反動化は、日米安全保障条約に象徴される日米関係を基軸に据えた、戦前期日本の復古主義的な保守主義ではなく、いわゆるアメリカン・デモクラシーによって粉飾を凝らした戦後型保守主義を基調とするものであった。

日本は中国に敗北することによって戦前の復古主義的な保守主義と、それを基底に据えたところの軍国主義を清算する機会を与えられることになった。しかし、中国の内戦と中国共産党の勝利の結果、アメリカは日本の保守主義や軍国主義を清算する機会を棚上げにしてしまったのである。今日に続くいわゆる日米安保体制は、日本が中国に敗北した歴史事実を確認する機会を奪い、アメリカに「敗北」したという誤った歴史認識を戦後日本人の意識に植え込んでいくシステムでもあると言える。

そのことを画策して当のアメリカは対日政策の変更を行った訳ではない。中国共産党率いる中華人民共和国が成立する時点でマッカーサーの従来の反共主義が、対日占領政策に様々な政策となったことは確かである。

このような考え方は、実はアメリカ政府自体をも全く同じであった。一九四八年一月六日、トルーマン政権の陸軍長官であったケネス・C・ロイヤルは、日本を「反共防波堤国家」にするのだと主張した。マッカーサーやロイヤルを含め、アメリカの戦後アジア戦略は、ソ連の影響力を阻み、アジアの共産化を日本において食い止め、反転攻勢の拠点とするものであることは間違いないであろう。

昭和天皇とマッカーサーの会見

第四章　日本は中国に「敗北」し、アメリカに「降伏」した

1　敗北の異相

成長の陰に

アジア太平洋戦争とは、一体何のための、誰のための戦争であったのだろうか。そして、この戦争から何を教訓として引き出したら良いのだろうか。戦後繰り返し問われ続けてきた問いである。だが、日本は一体誰に敗北したのか、との問いへの回答を避けてきたのではないか。日本は降伏文書において、確かにアメリカ、イギリス、ソ連、そして、中国など連合諸国に無条件降伏をした。

ここで問題にしたいのは、「日本敗北」という歴史事実とは別に、戦後日本人の意識のなかで、誰に「敗北」したのか、という点である。恐らく日本人の多くは、日本はアメリカが投下した二発の原子爆弾によって最後はアメリカの戦力に敗北したのだ、という思いを動かし難い事実として抱いているのではないか。

戦後の日本人は、アメリカの対日占領政策が、すべて思惑通り進んだ訳ではないにせよ、一人勝ちした感のあるアメリカの勢いに押されっぱなしであった。加えて、日本はアメリカの援助に縋ることで敗北のダメージから立ち直り、しかも経済大国への道を直走ることができた。

戦後の日本は日本を敗北に追い込んだアメリカに従うことによって、軍事的「敗者」から、経済的「勝者」へと変身を遂げたのである。敗北の歴史事実から解放され、「勝者」となる過程で、戦後日本人の多くが、誰に「敗北」したのか、という問いへの関心を薄めていったのではないだろうか。

それでも敢て、「日本は誰に敗北したのか」の問いを発すれば、多くの日本人が「日本はアメリカに敗北したのだ」と答えるかも知れない。だが、私はこうした解答や、これに同調する声には、どうしても違和感を抱いてしまう。私の解答は、「日本は中国に敗北し、アメリカに降伏した」である。この解答は、象徴的な意味を含む。歴史事実は、日本は連合諸国に敗北し、同時に降伏したのである。

戦後における日本人の過剰なアメリカ化の志向性の発端は、この敗北総括のあり方に起因しているのではないか、と私には思われてならない。あわせて日本はアメリカとの一心同体の関係に入っていく。確かに、日本が六年間にわたる連合国による占領から解かれ、一九五一年のサンフランシスコ講和会議によって独立を回復する。だが、同時に日本はアメリカと結んだ日米安保条約によって、アメリカの陣営に組み込まれることになった。

二度と敗北を喫しないためにアメリカと安保条約を結び、事実上の同盟関係を保つことが、戦後日本保守層の基本外交路線となった。安保は確かにアメリカのアジア戦略から締結された条約だが、これを積極的に受容する背景に、経済的メリットの大きさ故にだけでなく、戦後日本人の功利主義的な判断があったからではないか。

安保によって日本人はアジアから離れ、アメリカに近づくことで敗北の記憶を抹殺していった。敢えて言うならば、降伏相手への礼賛によって、自らの敗北トラウマから脱することに「成功」していく。そこには、「成功」の持続を図るために日米安保体制を築き上げ、いわゆる日米同盟路線を強めていった戦後日本の姿が浮かび上がる。

高度経済成長は、日本を経済大国への地位へと押し上げた。だが、一方で過去に目を閉ざし、御都合主義的な歴史認識を蓄えていった過程でもあった。戦後日本人は経済成長の時代に、過去と向き合う機会を忘れていったと指摘するのは間違いだろうか。

すでに占領期から事実上、アメリカが主導するＧＨＱ指令として日本の戦後国家の枠組みが形づけられていく。本来ならば日本国民が独自に行うべき戦争の総括も、ある種の強制が働いた。すなわち、先の戦争を「太平洋戦争」と呼称することが命じられたのである。日本が戦った戦場は、中国を中心とするアジア大陸ではなく、西太平洋の海上であり島々であったと。そして、戦った敵はアジア諸国民ではなく、アメリカとアメリカの兵士であったと。戦後日本人のなかに、日米同盟によって、極めて歪な歴史認識が形成されていったのではないだろうか。

一三八万の兵力、四一五億の軍事費

戦後日本人の歴史認識に大きく影響しているのは、戦争の総括である。アジア太平洋戦争は、間違いなく敗北に終わったことは誰もが知っている。ならば、敗北をどのように総括しているのだろうか。

そこから歴史認識の深まりを妨げる、決定的とも言える思い違いが生じているように思われる。

繰り返すが、数多の日本人は、先の戦争で日本がアメリカに敗北したのだ、と捉えているのではないか。確かに、日本は一九四五年八月一五日、ポツダム宣言を受諾し、連合軍に無条件降伏した。そこでは連合軍の主力であったアメリカに事実上降伏したのだ、と。

だが、歴史の事実から、日本が対アジア戦争に、取り分け対中国戦争に敗北した、とする見方は出来ないのだろうか。日本の敗北は、結局のところ一九三一年九月から一九四五年八月まで連綿と続いた、いわゆる「日中十五年戦争」と呼ばれる長期戦において決定していたのではないか、と言うことである。

その理由を、数字を紹介することで説明してみたい。出典は、第一復員局編『支那事変大東亜戦争間動員外史』（同名で不二出版が一九八八年に「一五年戦争極秘資料」の一つとして復刊）と題する資料である。

そこには、一九四一年段階で中国東北・中国関内地域を合わせ、中国本土に投入された日本の陸軍兵力は、約一三八万名であり、当時の陸軍動員総力数の実に六五％に達していたと記されている。この時、日本本土に在置兵力数は、約五六万五〇〇〇名であり、これは全兵力数の二七％に当たる。この他に、南方地域には約一五万五〇〇〇名の兵力（同、七％）が派兵されていた。いかに中国戦線への戦力投入の比率が高かったかを示している。

この比率は、対英米開戦後においても変わらなかった。アメリカの対日反攻が本格化する一九四三年以降、中国戦線に投入されていた戦力の一部が太平洋戦線に抽出され、一九四三年には、そのため一二八万名（全兵力の四四％）に減少しはする。

さらに、翌一九四四年には、一二六万名（同、三一％）となり、南方戦線の兵力数一六三万名（同、四〇％）となる。ここで中国戦線への兵力投入率が初めて下回る。しかし、日本が敗戦する一九四五年には、一九八万名（同、三一パーセント）に再び膨れあがる。これは戦局の悪化に伴い国内兵力動員が強行された結果、絶対兵力数が増大したことにもよる。この中国戦線に投入された一九八万の兵力数と、同年にアメリカ軍との戦闘が主であった南方戦線に投入された陸軍兵力数一六四万名（同、二六％）とを比較すると、中国戦線に投入された兵力が、それよりも三四万名も上回っていた。

要するに、中国戦線の比重は日本の敗戦時まで、一貫して極めて大きく、日本軍は泥沼化した中国戦線で足を取られ、兵力も国力も消耗を強いられていたのである。日本は対中国戦において完全勝利はおろか、部分的勝利は収めても、戦争の全局を優位のうちに進めた訳では決してなかった。「勝利なき戦い」を一貫して強いられるなかで、時間の経過とともに国力の限界点を超え、ただひたすら現状を維持するのに汲々としていたのだ。その過程で国力の消耗を重ねていたということである。以上は中国戦線への絶対兵力数の大きさから対中国戦の比重の大きさを指摘したが、それだけでは一面的な見方だとする誹りは免れない。それならば、軍事費の戦線別配分比率という観点からも見ておこう。

大蔵省財政史室編『昭和財政史』（東洋経済新報社、一九五五年）の第四巻に示された軍事費の動きを簡約すると、日中十五年戦争（一九三一〜一九四五年）の発端となった満州事変が起きた一九三一年の陸海軍省費と徴兵費を合わせた直接軍事費は、四億六一二九万八〇〇〇円であり、国家予算（一四億七六八七万五〇〇〇円）の三一・二％を占めていた。

その後、日本の軍事費は日中全面戦争開始の一九三七年には、三三億七七九三万七〇〇〇円の規模となり、国家予算に占める割合も六九％に達していた。日米開戦の一九四一年には、軍事費も一二五億三四二万四〇〇〇円となり、国家予算規模の拡大にも拘わらず、国家予算に占める割合も七五・七％へと膨れあがっていったのである。

日本の軍事費が国家予算に占める比率は、日清戦争時（一八九四年＝六九・二％、一八九五年＝六五・五％）、日露戦争時（一九〇四年＝八一・八％、一九〇五年＝八二・三％）は例外としても、いわゆる平時においても、二〇％後半から四〇％台と高い水準にあった。

しかし、日中十五年戦争開始以後、取り分け、日中全面戦争開始は、国家予算に占める軍事費は、一九三七年が六九％、一九三八年が七六・八％、一九三九年が七三・四％、一九四〇年が七二・五％となっていた。つまり、日中戦争ゆえに、日本の軍事費は膨大な額に達していたことになる。

膨大な額の軍事費が、本当に中国戦線に投入されていたのだろうか。これも同じ資料が示しているが、アメリカとの戦闘が中心であった南方戦線との比較する意味で、日米戦争が開始された一九四一年以降を追うことにする。

対中国戦争と対米戦争という二つの戦争が併存することになった一九四一年に、「満州」地域を除く中国戦線に投入された軍事費は、一〇億六二〇〇万（全体の三六％）であり、南方戦線は三億二一〇〇万円（同一一％）であった。

その後、日米戦争の激化に伴い、当然ながら南方戦線における軍事費支出は増大する。だが、全体の軍事費支出に占める割合だけで示せば、一九四二年で中国戦線が三二％、南方戦線が二九％、以下同様に一九四三年が四四％と三四％、一九四四年が六四％と二八％、一九四五年（四月～一〇月）が五四％と一〇％となっている。

一九四一年から一九四五年までの間に中国戦線に投入された軍事費は、四一五億四一〇〇万円（同期間に占める軍事費支出の五七％）、その一方で南方戦線の合計は、一八四億二六〇〇万円（同二五％）である。

地域別年度別の軍事費支出の面から見て、日本は対中国戦争に事実上の対米戦争であった南方戦線に投入された額の二倍強の軍事費を投入していたことになる。南方戦線と比べて、中国戦線の比重の大きさが、兵力数における較差以上に軍事費において一段と際だっていることは明らかであろう。

先に見た直接軍事費の場合、それは予算としてあくまで計上された額であって、すべてが軍備の拡充に投入された訳ではない。軍事費として計上されながら、省内で貯蓄されるケースも少なくなかったようである。その点では、地域別支出額の数値を判断材料とするのが正確であろう。

満州事変を起点とする日中十五年戦争のなかで、取り分け一九三一年から一九四一年のおよそ一〇年間に投入された膨大な軍事費によって国力の消耗を強いられる一方で、軍部は軍装備の拡充の機会を手にすることになった。結果として、日米開戦時から一年余にわたる南方戦線の連戦連勝と、対英米攻勢作戦が可能となったのである。

日中戦争は、日米戦争を準備する結果となったことからも、対中国戦争の比重はやはり大きな問題である。繰り返すが、対中国戦争が恒常的な軍事費の肥大化を強要したこと、その結果、日本の軍部は対英米戦争開始の物理的根拠を獲得しはしたが、それゆえに日本の財政はほとんど破綻状況に近い状態となっていた。

このように中国戦線に投入した兵力と軍事費の大きさゆえに、最終的には日本は中国に事実上敗北したと言わざるを得ないのである。日中十五年戦争がアジア太平洋戦争全体に占めた重さを数字で追ってみると、あらためてこの戦争の位置が明らかになろう。

当時置かれた日本の現実は、とても戦争を担える財政状態ではなかったことが数字からも読み取れる。この財政破綻状況に追い込まれながら、あるいはその現実を知りながら、それでも戦争を自らの国家意思として止められなかったことの歴史体験は、今日活かされているのだろうか。莫大な借金を抱えながら、それでも無駄な資金が当て所もなく投入され続ける状況を見ていると、答えは自ずと明らかである。

さて、実際の戦争の推移においても、一九三七（昭和一二年）一二月に首都南京を陥落させるものの、重慶に首都を移した中国を最後まで制圧することは出来なかった。数多の大規模な作戦が発動され、中国側に甚大な損害を与え続けたが、同時に中国戦線での日本軍兵士の損失もまた膨大な数に上った。文字通り、日中両国は戦闘方法こそ根本的に異なるとは言え、絶大な消耗戦を中国各地で展開した。

侵略した日本軍が最後まで勝利を収め得ず、最後は中国側の攻勢作戦の渦のなかに巻き込まれ、事実上の敗北を喫しつつあった。その敗北を前にして軍の撤収を実行しようとし、深い溝にはまり込んでしまったと言える。その溝から抜け出すことも出来ず、いずらに兵力の損失と、ひいては国力の消耗を重なることになったのである。

柳条溝事件に端を発する満州事変を起点とし、盧橋溝事件によって開始される日中全面戦争を経て、日本の敗戦に至る日中十五年戦争は、日本の基幹戦力を消耗させ、国力そのものを疲弊させた。

戦争開始当初、中国一撃論や制圧論が飛び交った日本政府及び軍部と、対中国戦勝利を当然視した世論やマスコミの動きのなかで、現在のイラク戦争のように泥沼化していく現実に直面した。打開策として強行した東南アジア地域への武力侵攻が、対英米戦争の引き金となった。要するに、対英米戦争は、日中戦争の延長として開始されたと言うことができよう。

対中国戦勝利への望が断たれた時、日本政府及び軍部は、東南アジア地域の戦略資源を収奪し、予期しなかった長期戦への構えを取らざるを得なかった。日本の長期戦の構えは、当然ながらアメリカやイギリスとの東南アジア地域における利権の争奪へと発展する。その結果が、対英米戦争であった。対中国戦に日本が勝利していたなら、また勝算の見込みがあったならば、対英米戦争は起きなかったかも知れない。

対中国戦の事実上の敗北が、対英米戦争の主要な原因である。別の言い方をすれば、対中国戦での勝利の展望が消えた時、日本はさらなる戦争によって、敗北を先延ばしにしようとしたのである。

戦争の連鎖

日本が中国に敗北したならば、なぜ、日本人は敗北の事実を認めようとしないのか。対中国戦の実際が戦後必ずしも明らかにされなかったからなのか。原子爆弾投下という日本人にとって、あまりにも鮮烈な被害体験の前に対中国戦が見え無くなってまったのか。あるいは、社会主義中国となったがゆえに、意識の上で後方に追いやってしまったからなのか。さらには、対中国戦には勝利していた、という敢えてする認識を優先させていたからか。理由は数多あろう。

だが、確実に言えるのは、数多の戦後日本人が対中国戦を勝利の戦闘であれ敗北の戦闘であれ、積極的に知ろうとしなかったことである。南京における大虐殺事件や三光作戦に象徴される日本軍の蛮行が長らく封印されてきたことの大きな原因は、対中国戦の実態への関心が希薄であったからではないか。

その歴史事実は、確かに東京裁判によって明らかにされた。戦後日本人は誰でも、事件を知る機会を得ていたはずである。しかし、対中国戦における加害の事実に向き合う姿勢の欠如が、先に数字で示したように、比重の極めて大きかった対中国戦を敢えて無視し、数字的には対中国戦との比較において低位にあった対英米戦争を実際以上に大きく評価してきたと言えないだろうか。

こうした数値に取りあえずは納得したとしても、東京湾上に浮かぶアメリカの戦艦ミズーリ号の艦上における降伏調印式の写真を強く記憶に留めていることもあってか、アメリカへの敗北感を抱いている。

他方で中国に敗北したと認めたくない戦後日本人にも、大きく二つに分かれるようである。

一つは、それでも日本は中国に敗北していない、という確信を抱く人たちである。確かに、対英米戦争を上回る大量の兵力と戦費を投入し、対中国戦において日本が中国の主要都市を攻め落としていた事実は間違いなく、主要な戦闘にも勝利を重ねていたのだと。小規模戦闘で予想外の出血を強いられたことは認める。だが、戦争全体からすれば、日本は決して敗北などしていない、という認識である。

ここでは自らの戦闘体験とも重ね合わせ、加害という自責の念をも抱きながら、それでも敗北したという事実だけは強く拒絶している。

もう一つは、日本が対中国戦に最終的には敗北したと理解したとしても、それを認めることを頑《かたく》なに拒否する姿勢を貫こうとする人たちである
但し、その中には最終的に日本はアメリカ、イギリス、ソ連、中国などが発したポツダム宣言を受諾して降伏したのだから、それはまさしく敗北したのだとして、「敗北」を認めても良いとする姿勢の人たちもいる。個々の戦闘での勝利は、戦争全体の勝利に結びつかなかったばかりか、連合国軍に

は敗北したという捉え方である。それ自体、一見して合理的な判断のように思われる。しかし、ここには重要な問題が潜んでいる。連合国軍への敗北は認めるが、中国への敗北は認めないという二重基準（ダブルスタンダード）の姿勢である。

いずれにせよ、対中国戦の敗北を結局は認めたくない、と考えている数多の戦後日本人の歴史認識が問題となってくる。少々回り道をしたが、なぜ、戦後日本人は対中国戦の敗北の歴史事実を認めようとしないのか、その理由を戦前から戦後に活躍した知識人の言動から拾ってみよう。

「支那が日本を滅ぼしたとは考えない」

戦後日本において、対中国戦における敗北感を語った知識人は極めて少ない。たとえば、明治から昭和にかけた著名な言論人であり、アジア太平洋戦争中には、大日本文学報国会会長や大日本言論報国会会長を勤めた徳富蘇峰は、日本敗戦の翌年である一九四六（昭和二一）年八月二日に次のように語っている。

先ず、対中国戦との絡みで日本が敗北したとすれば、それは「世界の憎まれ者である日本が、支那を叩き潰して亜細亜の覇者となる事を、他国が決して傍観座視する筈《はず》がない。少なくともこれに対しては、英、米、ソ聯の三国は、日本に反対して、支那に味方するのは、当然である」（徳富蘇峰『終戦後日記』講談社、二〇〇七年）とし、日本が対中国戦争に踏み切ったとき、これら三国との戦争を想定していなかった当時の政府や国民に問題があったとする。そして、徳富は、次のような結論を引き出す。

かくの如くにして、日本は遂に、支那から引き摺《ず》り込まれて、進退維《こ》れ谷《きわ》まるに至り、遂に無条件降伏に至ったのである。かく言えばとて、我等は支那が日本を滅ぼしたとは考えない。適当にいえば、天が支那人の手を仮って、日本を滅ぼしたと、いうの外あるまい。（傍点引用者）

徳富は日本敗戦の原因を対中国戦に認めず、米英ソとの戦争の、しかも政府や国民が想定あるいは欲しなかった戦争によって敗北したのだとする。徳富の対中国戦認識の背景には、彼自身の内なる中国否定論あるいは蔑視感が存在する。それを差し引いても、この論法は日本の侵略行為への徹底した無反省があるように思われる。

しかし、この徳富の論法は、戦後における日本人の多くに共通して見出される対中国戦争観をも示しているのではないだろうか。要するに、日中両国の戦争に英米ソが挙って中国に味方をしたために日本敗北に結果したのであって、純粋に二国間戦争であったならば、結果は違っていたはずだ、ということを言外に臭わせているのではないか。

ここに示された認識は、戦後日本人の「アジア離れ」にも繋がっていくように思われる。日本と同じ敗戦国であるドイツが、ヨーロッパ諸国の攻勢の前に敗北した、とする総括を踏まえて、〈ヨーロッパに帰る〉ことを決意し、今日ＥＵの中心国となっているのとは対照的である。日本は中国に、そしてアジア諸国に敗北したという総括がなされなかったがゆえに、〈アジアに帰る〉ことを心情的にも政策的に避けてきたのではなかったか。

日本はアジアとの戦争を顧みることなく、むしろアメリカへの思いを募らせることで、アジアを忘れていくことになったと言えないだろうか。その点で言えば、日本人のアメリカへの傾倒ぶりを示す世論が敗戦直後に、すでに形成され始めていたことを知ることができる。

たとえば、私の手元に『国際検察局押収文書　敗戦時全国治安情報』（日本図書センター、一九九四年）という資料がある。その第七巻から引用しよう。

鳥取県警察本部長が内務省警保局課長及び中国地方総監府第一部長に宛てた「降伏文書調印発表後に対する民心動向等に関する件」（昭和二〇年九月五日付）と題する文書には、「米国は将来の対ソ関係を考慮し政治的には余り強硬な態度を執らないだろう」とか、「日本科学の問題に就いては米国は武器に関する限り血眼になつて警戒するだろうが、その他は寧ろ奨励する位だろう」と、アメリカの対日政策について楽観論が手放しで記されている。

対英米戦争中とは手の平を返すかのような対アメリカ観の変容ぶりは注目されるが、それは日本の降伏直前まで日本上空に進入し、原子爆弾をはじめ、自在な爆撃を全国各地で敢行し、甚大な被害を与え続けていたアメリカへの恐れと憧れの、入り交じった感情を示すものと言えよう。

問題は、そのような思いが、「アメリカに敗北した」とする感情を植え付けていったことである。

この感情が深く沈殿すればするほど、中国及びアジア諸国に敗北した、とする意識も感情も薄らいで行くばかりではないだろうか。

丸山真男ですら抱いた意識

戦後日本人の対中国観を、ある意味で代表しているように思われる発言を取り上げてみよう。それは、戦後日本を代表する知識人である丸山真男の語りである。丸山は、一九六八(昭和四三)年一月に行われたシンポジウムの席上で次のように語った。

日中関係の将来というのはたいへんな問題だと思うな。確かに恐怖感や生産的じゃないけれども、今後中国の工業化が進んで、その意味でも大国になったら、日本はよっぽどしっかりしないとね。そのためにも、すぐアメリカやソ連とかにたよるという「寄らば大樹のかげ」の考えをくずしてゆかないと、いつまでたっても悪循環だ(丸山真男『丸山真男座談』第七巻、岩波書店、一九九八年、傍点引用者)

ここには今日において、一段と拡がっている中国脅威論・中国警戒論の発想が窺える。極自然の語りだが、思わず丸山の対中国戦争観を問うてみたくなる衝動に駆られる。つまり、中国の大国化への恐怖感を抱くのは生産的ではないとしながら、なぜに中国が「大国になったら、日本はよっぽどしっかりしないと」いけないのか、という問題である。

そのような言説が発生するのはなぜだろうか。それを日中戦争と絡めて言うならば、日本が中国に侵略して甚大な犠牲を与えた歴史事実への負の歴史を背負いながら、その歴史を依然として清算していながゆえに、場合によってはその竹篦《しっぺ》返《がえ》しを被るのではないか、とする思いが、どこかに潜んでいるのではないか。

日本が中国侵略の歴史を清算し、そこから歴史の教訓を引き出し、歴史和解への道を敷くことに懸命に努力を重ねているならば、「日本はよっぽどしっかり」しなくとも、相互互恵の関係を中国と取り結ぶことは可能であろう。

恐怖感や警戒感が生まれるのは、相手方の姿勢からというよりも、自らのうちに過去の歴史を清算していながゆえに、信頼されていないかも知れない、とする不安や動揺があるからではないだろうか。

揚げ足取り的な言い方かもしれないが、「日本がよっぽどしっかり」しなくても済むためにも、日中歴史和解は焦眉の課題であろう。そこで問いたいのは、この丸山の語りにも示された中国大国論あるいは社会主義国家中国の成立という、あらたな中国をめぐる環境の出現が、戦後日本人から一段と対中国加害認識あるいは加害の記憶を殺いでいったのではないか、ということだ。

つまり、現在の中国はかつて日本と戦争をした中国ではない、とする歴史の断絶をことさらに持ち出すことで、自らの加害体験や加害事実を反故にしようとする意識に陥っていることである。

戦前の中国と戦後の中国とをことさらに区分することで、中国への加害意識を無意識のうちに後退させるような印象を私は抱いてしまう。日本及び日本人が傷つけてしまったのは、中国という土地に生活する中国人であって、体制の変化や時間の経過によって、加害の対象と歴史事実が変わるものではない。

欠落した視点

知識人の対中国認識を含め、歴史認識の深めていくために中国と正面と向き合おうという視点が不十分と思われるのは、次のようないくつかの理由があるからではないか。

一つ目の理由は、強引な歴史解釈が依然として横行していることではないか、と言うことである。偏狭な一国主義的な歴史観が幅を利かせている。排外主義的なナショナリズムである。

歴史の読み取りは、私たちを閉塞した観念へと追い込むものではなく、過去を教訓としてあるべき現在と未来を実現する素材を見つけ出すことである。歴史の読み取りを進める上で、特に戦後日本人は、日中戦争の解釈づけという点では、特段にここで言う偏狭な一国主義史観を露わにする傾向が目立つ。

二つ目の理由は、戦後日本人の対中国観念の多くが、中国への偏見と主観的な評価が優位を占めていたのではないか、と言うことである。第二章で紹介した幕末期から明治期にかけての思想家たちが論じた中国認識に表れた中国への畏敬の念から、差別の観念への変容ぶりは、日中戦争期に一層増幅され、日本の敗戦によっても、必ずしも清算されることはなかったように思う。その歪んだ観念は、日中国交正常化以降、是正される方向にあるとは言え、充分と言い切るにはもう少し時間の経過が必要のようである。

ただ、今日の中国の「大国化」という新たな情勢のなかで、再び対中国観の変容が見られることも確かだ。つまり、大国化への恐怖心あるいは警戒感という、別種の感情が生まれ始めたことである。それが、折角の歴史認識の深まりと、さらには日中歴史和解への途の障害となる可能性も否定できない。ここで言う、中国への差別意識や偏見から言うわけでは決してないが、中国の抗日戦を無条件で評価するものではない。そのなかには、中国人同士の醜い争いや非人道的な所業の事例も多くあったに違いない。

そのような歴史事実が数多く指摘されたとしても、中国人が抗日という目標の前に団結し、人民の力を結集して抗日戦線を築き上げ、日本軍の中国制圧を阻止したことは、紛れもない歴史事実であり、世界史の教訓であることだ。

この点で日中戦争とは、中国制圧を目的とした日本の侵略戦争であり、中国側からは侵略を阻もうとする抗日戦争であった。この歴史事実は、すでに戦争中から明らかであった。

それゆえ中国人が抗日戦争のために結集する一方で、中国に派兵された日本軍兵士たちは、日中戦争の目的や性格について疑念を抱き、次第に厭戦機運を高めることになったのである。そこから、すでに紹介したような軍隊内での上官暴行事件などが多発する。

日本軍兵士のなかには、個々の戦闘での勝利を体験した者や部隊もあろう。しかしながら、戦闘で勝利しても、日本は戦争には敗北したのである。それにも拘わらず、戦争で中国に敗北したことを認めようとしないのは、やはり中国と正面と向き合おうとしない、あるいは向き合いたくないトラウマがあるからではないだろうか。

そのような日本人は恐らく、その内面に相反する心情が複雑に交差しているように思われる。敗戦は誰も否定できない事実であり、受け入れなくてはならない。だが、自らの戦争体験をすべて敗戦体験としてのみ自分史に刻み込むことへの躊躇もあろう。その躊躇いの深層には、敗戦は自分の責任ではなく、悪しき指導者に裏切られたという思いが潜んでいるようである。いわゆる「騙された」論である。

そのような彼等の心情を示している語りのひとつを紹介しておこう。証言者は元海軍大尉の芹川英夫である（一九四五年九月二七日届）。


国民は大東亜戦の主旨に基き戦は勝つ必ず勝てると指導者に扇動されて苦しみつつ、戦った遂に敗戦となり国民は裏切られた感がある軍の独占的政治秘密主義行政の所有する方面に矛盾と嘘の指導であったことは枚挙にいとまない……国民は誰も今迄の指導者を怨んで居る　現在のままでは決して国民は信頼しない要は指導者を全部替へて良く上通した政治でなければなくば思想的に悪化しつつある今日大きな事件が起こると思はれる（粟屋憲太郎他編『敗戦前後の社会情勢　敗戦直後の民心動向』第二巻、現代史料出版、一九九八年、原文カタカナ）

総じて苦しかった戦争体験を美化までせずとも、敗戦体験のなかに自らの貴重な一時期を封印してしまうことは耐えられない。ならば、個々の戦闘での勝利体験や、さらには「聖戦」という戦争の大義を信じることによって、自らの出征体験を肯定したいとする心情は理解できる。

アメリカとの戦闘も戦争も、完全な敗北で否定しようがない。その時に、対中国戦は「勝利」した、という実感を抱くことで敗戦トラウマから逃れる途を求めたい。そうした心情の動きが対中国戦は「勝利」した、という認識へと繋がっていったのではないか。しかし、それは虚構としての「勝利」体験であった。

三つ目の理由は、日中戦争の性格にも起因するが、極めて長期戦として闘われた戦争であるがゆえに、戦争状態が常態化するなかで、数多の日本人には日中戦争自体を戦時ではなく平時に近い感覚で受け止めていたのではないか、と言うことである。

戦地から遠く離れ、新聞などメディアを通して伝えられる戦況や中国情報の類の情報を日常的か断続的に接していく。そのなかで、厭戦機運が醸成される一方で、戦時と平時とが曖昧になっていった。戦後日本人にとって、その戦時と平時を分ける線引きが曖昧なまま、「終戦」を迎えたことも手伝い、一体日本はいつ中国と戦争を始め、何を持って終わったのか、という共有可能な感覚は生まれなかった。

アメリカとの戦争が真珠湾奇襲によって開始され、軍艦マーチが鳴り響くなかで、「本日未明、帝国陸海軍は西太平洋において戦闘状態に入れり」とする大本営の開戦速報を耳にした日本人は、戦争開始の瞬間に立ち会った実感を持ったはずだ。二発の原爆投下の衝撃と玉音放送によって「終戦」を、これまた耳で感知する。この開戦と終戦の鮮明さとは反対に、日中戦争の開始を告げる満州事変は、はるか一九三一年九月一八日のことであった。

一貫して交戦状態にあった訳ではないにせよ、一九三一年から一九四五年までの戦争を対英米戦争と同様の戦争とする認識は希薄であった。長期戦による、ある種の「戦争慣れ」という状態が、戦後になって対中国戦への関心を著しく低下させる要因の一つとなったのではないか。

三つ目の理由は、実は一番強調したいことだが、対中国戦が、そもそもなぜ引き起こされたかという問題に直結する。結論を先に言えば、「大義なき戦争」であるがゆえに、日本の敗戦と同時に日中十五年戦争の忘却が意識的あるいは無意識的に開始されたのではないか、ということである。少なくとも、明治国家の近代化政策と並行して行われた中国への支配権確保のための国家としての行動が、最後的には敗戦という歴史体験を被る理由である。

戦前国家＝明治国家に内在する暴力と抑圧の論理を孕んだ近代化が強行されるなかで、明治国家は内外ともに、その論理を政策のなかで露呈していく。内に向かっては「臣民」への呵責なき抑圧と弾圧という側面が強く押し出され、外に向かっては植民地統治による異民族支配のなかでも、そのことが遺憾なく発揮された。

その延長に繰り返し、戦争という国家暴力が振るわれ続けた。中国への侵攻も、文字通り、明治国家の病理だったと言える。そうした病理を戦後、私たちはファシズムや軍国主義などという用語で批判してきた。日本軍国主義の最大の被害者が中国人民ということもあり、日中戦争史や関係史の研究が活発化する。一方で、それゆえに忘却への企画が様々な領域において実行されてきた。歴史事実の隠蔽や曲解、そして否定も繰り返し行われることになる。

中国が一九四五年から四九年の間、内戦状態に陥ってしまったことも、戦後日本人にとっては好都合であった。なぜならば、日本軍国主義の被害者への眼差しが棚上げされ、加害の意識を確認する機会があたかも消滅したかのような感覚に浸ることになったからである。侵略者である日本人にとっては、加害の対象が視界から消えたかのような錯覚を敢えてすることで、加害体験から解放される機会を得たことになる。

この加害体験からの解放は、反転して広島と長崎への原爆投下による被害体験の共有化によって拍車がかけられた。広島と長崎の向こうに見えたはずの加害の体験や事実が視界から消えていったのである。ここに中国に敗北したという認識を生み出す素地を消滅させた理由がある。そもそも日本は中国への加害者ではなかったがゆえに、「敗北者」ではなかった、という捉まえ方が戦後多くの日本人の心情に根付いていくのである。これでは中国に敗北した、という認識に到達しようがない。

2　ドイツと日本

「原爆は神の御加護」

　このことを戦後日本人の戦争体験の象徴である原爆体験と絡めて考えてみよう。たとえば、広島平和公園に刻まれた「二度と過ちは犯しませんから」の文言の「過ちを犯した」者の曖昧さと不在性に典型的に表れているように、「過ち」は誰の過ちであるかの主語が脱落しているように思う。

　意図的かどうかは定かでないが、何の「過ち」かも不明である。侵略戦争が「過ち」と言うのか、あるいは日本が敗北したことを「過ち」と言うのか。あるいは、原爆投下が「過ち」と言っているのか。戦争全体が「過ち」という意味なのか。そこが判然としないのである。それとも、判然としない文言が敢えて選ばれた、のかも知れない。はっきりしているのは、原爆投下による犠牲者たちが、いずれかの「過ち」によって犠牲を強いられた事実である。

　問題なのは、「過ち」の主体も原因も対象者も曖昧化することで、自らの加害責任を語ろうとしないことである。この曖昧さの根底にあるものも、日本がアメリカの原爆によって敗北を喫したのだ、という捉まえ方である。そのような心情に陥るのに理由が無いわけではない。アメリカが原爆投下に至る原因には、日本軍国主義を早期に敗北に追い込み、ソ連の日本侵攻を未然に防ぐことで、日本を事実上単独占領したいとする思惑があったことは、明らかにされている通りである。

もうひとつ、日本の視点からすれば、原爆投下への道を開いたのは、日本軍国主義であったことも間違いないであろう。原爆被害者もまた日本軍国主義の犠牲者であった、と言えないか。しかし、中国を筆頭に日本の軍国主義により犠牲を強いられたアジア諸国民にとっては、原爆被害者も含め、日本国及び日本人は加害国・加害者として位置づけられることもあり得るのだ。

ここでも一例を挙げよう

一九四二年二月一五日にシンガポール（当時英領マラヤ）が日本軍の手に落ち、日本の占領政策のなかで、中国本国を支援しているとみなされた多くのシンガポール在住の華僑たちが「粛正」の名のもとに犠牲となった。その数、約六万名という数字が記録されている。

シンガポールのセントサ島にある戦争資料館には、占領から解放までの歴史が様々の展示物によって明らかにされている。すでに二〇年近くも前のことである。私が一九八八年春に同地を訪れた折には展示物の最後に、大きなキノコ雲の写真が飾ってあり、その中央に中国語と日本語で「原爆は神の御加護」と刷り込まれていた。現在は取り外されたと聞く。

シンガポールの人々にとっては、日本への原爆投下によってしか恐怖の占領行政や「粛正」から解放されることはなかったとする実感が、そのような文言によって示されたのである。そこに表れているのは、加害国・加害者として日本国家・日本人を捉える視点である。

原爆投下の理由を突きつめていくと日本軍国主義があり、原爆投下は被害体験だけに収斂されるものでも、矮小化されるものでないことに行き当たる。軍国主義が広島・長崎に原爆投下を招いた原因であり、文字通り、日本人は自らの手で自らの身体に「原爆を投下した」とする形容も、決して誤りでないように思う。

アジア太平洋戦争と一括して把握すべき先の戦争の起点は、間違いなく満州事変（一九三一年九月一八日）である。満州事変から開始された日中十五年戦争の延長として対英米戦争があり、この二つの戦争は戦場域こそ違え、ひとつの戦争と把えるべきであろう。

中国に敗北したことを認めることは、その意味でも原爆投下を誘引した政治の判断が問われることになる。侵略戦争の加害性を論じてきた戦後の日本人の間で、果たして原爆投下の責任まで視野に入れて論じたことがあったろうか。

確かに、原爆投下はアメリカの無差別爆撃の結果であり、比類なき蛮行であった。その限りでは原爆投下に踏み切ったアメリカ政府の原爆責任は問われるべき対象に違いない。だが、原爆投下の口実をアメリカに与えることになった日本軍国主義の責任をも告発すべきではないか。

中国に敗北したことを認め、それゆえに日英米戦争に突入し、原爆投下を誘引した一連の歴史事実に目を向ける必要がありそうだ。それなくして、「ノーモア・ヒロシマ、ノーモア・ナガサキ」のスローガンは、時間と空間の障碍を乗り越えられないのではないか。そのスローガンは、被害体験によってだけでなく、それ以上に加害体験、加害事実を含意し、そこから教訓を引き出すスローガンとして、はじめて恒久的な平和実現の叫びとして、数多の人々の心の奥に刻まれるのであろう。

中国への敗北を認めようとしない人々は、同時に原爆投下の原因を真摯な態度で捉えようとしない人々ということになりはしないだろうか。中国への敗北を認めることが、直ちに日本軍国主義の戦争責任を問われることに繋がり、同時に原爆投下を誘引した、言うならば、「原爆投下責任」を問われることになるのである。

先の戦争を「正義の戦争」やアジア解放のための「聖戦」だと論じる人びとは、日本軍国主義や原爆投下の責任をも視野に入れた歴史認識を用意しているのだろうか。その用意がないからこそ、日本軍国主義の戦争責任を認めようとせず、中国に敗北した歴史事実に向き合おうとしないのではないか。

私たちは中国に、そして、アジア民衆の抗日戦争と反植民地の運動のなかで、日本が敗北したこと、それは、明治近代国家の歩むべき道を踏み誤ったことから派生したものであることの確認を求められていよう。そうではなければ、歴史認識の深まりは期待できないのではないか。その点について、いま中国や韓国・朝鮮を含め、アジア民衆から厳しい問いに晒されているのである。

歴史の隠蔽と否定

対中国戦の敗北を認めようとしない姿勢は、同時に日本軍が犯した数々の戦争犯罪の歴史事実を認めようとしない姿勢と同根である。そのことはすでに述べた。その典型事例として再三にわたり持ち出されるのが南京大虐殺事件（一九三七年一二月）である。同事件をめぐる論争は多義にわたる。先ず、事件自体の存在の有無、事件の存在を認めた場合でも発生の不可避性、日本軍による犠牲者数などである。事件自体の存在を完全否定する論は、すでに完全に破綻している。犠牲者数については依然として中国側の発表と日本の研究者（と言っても様々な立場によって犠牲者数は大きく異なるが）の間の乖離は依然として大きい。

私自身、南京事件研究が本格的に開始されていた頃、一九八六年九月に南京を訪れ、南京事件記念資料館を含め、市内各地の虐殺現場に造られた慰霊碑を具に見聞してきた。一九三七年一二月七日に蔣介石は南京を脱出するが、その時点で南京には南京防衛軍が約一五万名、南京城内外に約四〇万名から五〇万名の一般市民が居たことが判明している。

南京の掃討作戦を行っていた中支那方面軍は、「大体捕虜はせぬ方針なれば、片端から之を片づくることとなしたる」（南京戦史編集委員会編『南京戦史資料集　中島今朝吾日記』偕行社、一九九三年、増補改訂版）とする方針で臨んだ。第一六師団長であった中島中将は、このような方針を掲げ、徹底した捕虜殲滅や市民への殺戮を行ったことは、すでに明らかな事実となっている。

事実は、南京に駐在していた国際赤十字の関係者、アメリカやドイツのメディア関係者によって世界にいち早く伝えられていた。当時、日本国民には一切知らされず、この事実が判明したのは戦後になってからである。

戦前戦後を通して、様々な隠蔽工作が行われたことから真相究明の措置や研究が立ち後れていた。

今日では、南京事件の犠牲者が二〇数万名に達するという共通認識が生まれている。一方、日本陸軍関係者による偕行社が、南京事件が虚構であることを明らかにするために、南京戦の元出征兵士に手記を求めて、『南京戦史』（偕行社、一九八九年）の刊行を行ったが、意図に反して日本軍の蛮行を告白、指摘する内容の手記が数多く寄せられる結果となった。

そこでは南京事件による中国人犠牲者は六万から七万程度と指摘した。国際法に違反する日本軍の行為自体は認めつつも、犠牲者数を低位に見積もることによって南京事件の重大性と犯罪性の格下げが意図された。南京事件の真相が充分な客観的資料が不在なまま、事件の重大性を強調したいあまり、充分に精査しないまま資料や証言を濫用するケースが目立ち、それが返って南京事件の虚構説を勢いづかせた経緯も存在したことは確かである。

資料操作や引用で正確さを期さなければならないことは当然であるが、検証の過程でミスリーディングがあったからと言って、それが直ちに南京事件の否定に結論を持っていこうとすることは論理の飛躍も甚だしいと言えないか。

それよりも、なぜ、これだけ南京事件否定論が執拗に繰り返されてきたかが問題である。その事件が「無かったから」繰り返し否定されるのではなく、「あったから」否定の動きが活発であったのではないだろうか。日本の行った対中国戦争が侵略戦争であったこと、また、その侵略戦争の性格を浮き彫りにしているがゆえに、南京事件を否定ないし修正しなければならなかったのではないか。

中島第一六師団長の日記に書き残されたように、自ら武装解除した中国軍兵士をジュネーブ協定をも無視して捕虜として処遇することなく、「片端から之を片づくる」こと、つまり殺害することが現地軍の命令として決定されていた。最初から一般市民をも含め、中国人を虐殺すること厭わなかった戦争であったのではないか。

その一般兵士が中国人の虐殺に関わっていたことは単なる伝聞ではない。南京に侵攻した兵士自らが残した記録の一部を紹介しよう。『南京大虐殺を記録した皇軍兵士たち　第十三師団山田支隊の陣中日記』（小野賢二・藤原彰・本多勝一編、大月書店、一九九六年）には、事件に関与した兵士たちの陣中日記が掲載されている。一九三七年一二月の日付の各日記の一部を引用しておこう。

因みに第一三師団とは、上海派遣軍指揮下の師団であり、山田支隊とは、同師団の歩兵第一〇三旅団に属する歩兵第六五連隊基幹の部隊で、南京攻略戦のなかで、最も組織的に捕虜の大量殺害を敢行した部隊である。

一二月一八日

午前零時敗残兵の支隊をかたづけに出動の命令が出る。小行李全部が出発する、途中死屍累々として其の数を知れぬ敵兵の中を行く、吹いて来る一陣の風もなまぐさく何んとなく殺気たつて居る、揚子江岸で捕虜〇〇〇《（ママ）》名銃殺する。（斎藤次郎陣中日記）

一二月十五日

午前九時より×××伍長と二人して徴発に出かける、何もなし、唐詩三百首、一冊を得てかへる、すでに五時なり。揚子江岸に捕虜の銃殺を見る、三四十名づつ一度に行ふものなり。（堀越文男陣中日誌）

一二月一六日

警戒の厳重は益々加はりそれでも〔午〕前十時に第二中隊と衛兵を交代し一安心す、しかし其れも束の間で午食事中に俄に火災起り非常なる騒ぎとなり三分の一程度焼くす、午后三時大隊は最後の取るべき手段を決し、捕虜兵約三千を揚子江岸に引率し之を射殺す、戦場ならでは出来ず又見れぬ光景である。（宮本省吾陣中日記）

日中十五年戦争が、日中二国間の事変あるいは紛争であって戦争ではなく、従って国際法や国際社会のルールやモラルに拘束されないとする自己判断が露骨に示された事件としてあったことである。同時に、日本の近代化過程において、多くの日本人に教育の現場を含め注入された中国人への蔑視と差別感情が一気に吹き出した事件でもあったことである。

端的に言えば、南京事件を認めることは、同時に日本の近代過程で日本人にインプットされた暴力性や抑圧性など、矛盾した近代化あるいは排外ナショナリズムを認めることになるからではないのか。

南京事件否定論者が怖いのは、そのような戦前期国家、あるいは天皇制国家が全否定される可能性を含んだ課題としてあるからである。

そこで問われているのは、南京事件を通して近代国家日本の本質であり、国家犯罪としての南京事件であったと言えよう。

「いつまで謝罪すればよいのか」

日中戦争を考えるうえで、いつも付きまとう問題として、「日本はいつまで謝罪すればよいのか」という問いがある。中国を含めた、かつての被侵略諸国や諸国民に「謝罪」の言葉や行為を繰り返してきたのに、いつまで続くのか、続けなければならないのか、という反発心である。

宮沢喜一内閣期から始まる謝罪の言葉から、いわゆる「村山談話」に至る一連の謝罪行為は、残念ながら相手方に充分には届いていないようである。

謝罪が相手方に届くためには、一片の言葉や文書だけでは困難な場合がある。そこには感情と実行が不可欠である。この場合、感情とは、被害者であり被謝罪者の心を癒し、二度と被害者としての地位に立つことはないとする確信と安心を与えることを意味する。実行とは、その確信と安心が永続化するための具体的な措置ないし政策のことを言いたい。

謝罪者＝加害者である日本政府及び日本人は、確かにこれまで繰り返し謝罪の言葉・談話、文書を発信してきた。それでも過去の克服や戦争責任が果たされていないとする、被害者側から感情として寄せられているのは、やはり謝罪にともなう被害感情の癒しや実体が不在ゆえと捉えられるのではないだろうか。

たとえば、二度と侵略国家にならないと宣言する一方で、軍国主義思想の再生産の場である靖国神社に参拝し、中国などの被侵略諸国が警戒する日本軍国主義のシンボル的存在である東條英機を靖国神社に合祀する行為が、被害者側に不信と不安の思いを募らせているのではないか。

侵略戦争の反省から生み出された日本国憲法を「改正」しようとする動き、二度と軍隊を持たないと誓いながら世界でも有数の自衛隊という名の「軍隊」を保持している現実、愛国主義の強制とも言える教育基本法の「改正」など、最近における日本の動きを見ても、アジア諸国からすれば、日本が再び軍事大国となろうとしているのではないか、とする懸念を深めている現実がある。

本当に過去の戦争を教訓としようとするならば、恐らく今日の日本の政策も、あるいは排外主義的なナショナリズムを昂揚させている国民感情も起きないはずだ、とする見方は頷ける。再三にわたり比較の対象とされてきた日本と同じ敗戦国ドイツにおける過去の克服は、侵略戦争への自己肯定を排し、徹底した侵略責任の究明とナチスの犯罪への謝罪が具体的な内実を伴って実行されてきたと言える。そうでなければ、ドイツは欧州諸国に許されない、とする事態を深刻に受け止めたからではないか。

それに加えて、北大西洋条約機構（NATO）に加盟を許され西側陣営に組みしなければ経済発展も政治安定も望めなかったドイツ（当時、西ドイツ）は、徹底した被侵略国への謝罪と、戦争再発防止の宣誓を迫られていたのである。

その背景に、ドイツ人は、総選挙によって合法的にナチス党を第一党として認めたこと、ナチス党の党首であったヒトラーが侵略戦争を引き起こし、ヨーロッパ諸国に甚大な被害を与えたことをドイツ人自身の責任だと捉えた。ナチスの犯罪に事実上手を貸した訳で、戦争認識あるいは加害意識が濃厚であったのである。

ドイツでは戦争一般への責任意識よりも、ナチスが犯した犯罪への責任意識という、より具体的な戦争認識が強いのはそのためである。ドイツの場合は自らが招いた侵略戦争あるいは戦争犯罪という捉え方を優先することで、ナチスの戦争犯罪を自らの問題として引き寄せ、これと正面から向き合うことで加害者としての自覚と、被害者への償いの感情を抱くことを戦争責任の基本原理としてきたのであろう。

今日においても徹底した反ナチズムの思想や感情を確認しつつ、あるいは法的レベルでもナチスの再生をチェックする制度が採られているのである。ドイツのナチズムや軍国主義が再生する芽は、極めて冷徹なまでに事前に摘まれている。

戦後においても絶えず戦争責任の自己告発を続けてきた。たとえば、ユダヤ人虐殺をはじめとするナチスの犯罪を清算する試みとして、全額で七九六億マルクに達する補償額の支払いを盛り込んだ西ドイツ連邦補償法（一九五六年制定、一九六六年改定）をはじめ、ドイツ・ポーランド和解補償法

（一九九一年制定）などによって、被害者への補償を続けてきた。

こうした対外補償は、二一世紀に入った今日においても継続され、総額で約一二二三億マルク（日本円で九兆七八四〇億円）に達するとされる。

しかし、ドイツが国家としての戦争責任の謝罪を果たしたと言えても、ドイツ国民の間には、戦争の総括をめぐっては、必ずしも一枚岩ではない。繰り返し糾弾されてきたヒトラーの犯罪の向こうで、それとは反対にヒトラーの功績を見出すことで、ヒトラーの犯罪を相対化する試みがなされてきたことも事実である。曰く、ヒトラーはアウトバーンを建設するなど、インフラ整備に公的資金を潤沢に注ぎ、社会福祉政策を推し進め、ドイツ社会の近代化に寄与したというのである。

いわゆる「近代化による相対化」という、ある意味では古くて新しい議論が、すでに一九八〇年代前後から、静かに始まっていたのである（ヴォルフガング・ヴィッパーマン〈増谷英樹訳〉『ドイツ戦争責任論争　ドイツ「再」統一とナチズムの「過去」』未来社、一九九九年、参照）。日本においても、植民地統治による近代化の促進を評価することで植民地支配責任を相対化する試みが、「植民地近代化」論のなかで繰り返されていると同じ流れである。

こうした動きのなかで、かつてドイツでは、社会学者のハーバマスと歴史家のノルテとの間に、一九八六年の夏、いわゆる「歴史家論争」が起きた。ノルテは、ナチスの戦争犯罪に対してドイツ人はいつまで謝り続けなくてはならないのか、と疑問を呈して数多の支持を受けた。

ハーバマスは戦争責任の無時効性を強調して、絶えずナチスの犯罪を問い続けなくては、再びナチスの台頭を許すことになるとした。この論争はドイツ国内を二分する格好になったが、最終的にはハーバマスの主張が受け入れられた。要するに、ドイツ人にとって、ナチスの犯罪を正面から受け止め、それと向き合うことで二度と戦争を起こさない決意を深めているのである。

ドイツの場合、それが〝ネオナチ〟と呼ばれる一群が、時折クローズアップされることで注目される。この現象を過大に見積もるのは危険だが、ドイツ国家とドイツ人との間、あるいはドイツ人自身のなかにおいても、歴史の判断において、ある種のブレが生じていることも確かである。

それもあってのことだろうか。二〇〇六年六月、ドイツで開催されたサッカーのワールドカップ（W杯）の折に、日本対クロアチア戦の会場となったフランケンスタジアムのあるニュルンベルク市では、W杯を前にスタジアム周辺二三カ所にドイツの過去の犯罪の歴史を示すメモリアムを設置した。言うまでもなく、ニュルンベルク市は、ドイツの犯罪を裁いたニュルンベルク裁判が開かれた場所である。

同市の広報責任者ツェルンヘーファー氏は、大会を前に「二度とファシズムにチャンスを与えないために、W杯は次世代に事実を伝える絶好の機会なのです」（『中国新聞』二〇〇六年四月二一日付）と、取り組みの狙いを語っている。

それに比べて日本は戦後、アメリカとの安全保障条約を結ぶことにより、言うならばアメリカとの直列的な関係を築き上げ、アメリカの陣営に組みしたことから、対アジア外交を通しての関係修復の機会を急務としなかった。要するに日本は、アメリカへの従属のなかで戦後の再建を図ろうとし、高度経済成長を実現していった。日本のアメリカへの従属構造は、同時に対アジアへの接点を希薄なものにしたのではないか。

日本が中国に敗北した、という歴史事実も実感も獲得できないまま、日本の中国に対する戦争責任問題が、日中国交回復（一九七二年九二九日　日中共同声明に調印）によって終決したかの錯覚をも生み出した。日本のアメリカへの従属構造とも言える背景もあって、日本人自身による戦争責任の意識化や過去の克服は一層難しくしなっているように思われてならない。

そのような戦後の政治過程が、中国をはじめアジア諸国民の反発と抗議を受けながらも、日本軍国主義思想の再生装置である靖国神社に、現役首相が事実上の公式参拝する環境を創り出しているのではないか。

靖国神社への参拝行為に対する反発や抗議に対して、「内政干渉」論や「日本の固有の文化と伝統」という、おおよそ的外れな反応によってしか向き合えない実態を生み出している戦後日本政治と歴史の総括の有り様を、いま一度原点に立ち返りつつ、見直す必要があろう。

東京裁判とパル判事

「中国に敗北したのではない」とする認識は、同時に中国を戦勝国とした東京裁判自体の否定論ないし無効論に繋がっている。東京裁判否定論の背景には様々な理由が挙げられている。東京裁判が進められるなかで裁判管轄権（被告を裁く権利が及ぶ範囲）として、「平和に対する罪」「通例の戦争犯罪」「人道に対する罪」が規定されていたことはよく知られている。

「通例の戦争犯罪」とは俘虜の虐待や民間人の殺害、財物の略奪などの行為を対象とする罪だが、その他の二つの罪がポツダム宣言を受諾した時点で存在しておらず、これは連合国が日本を裁くために後から勝手に作りだした法律だとする批判が相変わらず根強い。

法律論で言えば、確かに後に制定された法律を過去に遡って適用することは、「法の不遡及」という近代法の大原則に違反することになる。だが、事実を注意深く整理すれば、この議論も決定的な間違いを犯している。

連合国の戦争犯罪処罰政策は、連合国間で思惑が入り乱れ、基本戦略の一致に至るまでは試行錯誤の連続だった。連合国にとって反ファシズム戦争という共通目的が、ドイツ敗北の大戦末期において統一された戦争犯罪処罰政策へと導くことになったのである。

すなわち、米英ソ三国によるポツダム会談と並行して、一九四五年六月二六日からロンドンで米英ソに中国を加えたロンドン会議が開催され、八月八日に「欧州枢軸諸国の主要戦争犯罪人の追訴及び処罰に関する協定」（ロンドン協定）が締結されたのである。

そこでは従来の「通例の戦争犯罪」の処罰に加えて、侵略戦争の計画・準備・開始・遂行などを犯罪とする「平和に対する罪」と、戦前または戦争中に民衆に行った殺害・虐待などの非人道的行為を犯罪とする「人道に対する罪」が、新たに国際法上の犯罪と認定された。この枠組みに従って、ニュルンベルク裁判と極東軍事裁判（東京裁判）が開廷されたのである。

ポツダム宣言が発出されたのが七月二七日、日本が最終的にポツダム宣言を受諾したのは八月一四日であり、この時点で「平和に対する罪」及び「人道に対する罪」は、すでに制定されていたと見るべきであろう。従って、東京裁判で判事のなかでただ一人、被告全員に無罪を主張したインドのラダ・ビノード・パル判事の指摘する「法の不遡及」という近代法の大原則に違反しているとの議論は、歴史事実としては認められない。これは法理をめぐる問題であり国際法上の合法性に関する問題でもある。

憲法学者の横田喜三郎らは、事後法適用の純裁判上の不備を認める一方で、東京裁判が侵略戦争を防止するための「国際法上の革命」であった点を強調しつつ、重要なことは既存の法であるか否かを論ずるよりも、裁判終了の今日において、裁判を合理化する国内的かつ国際的な条件が成熟しているかどうか、だと論じている。

さらに、横田は東京裁判の国際的意義について、「世界の歴史に画期的な展開をもたらし、人類の将来に絶対の影響を与えるものである」（『中央公論』一九四八年九月号）と述べているのである。こうした有力な見解が定着するなかで、「ロンドン協定」の存在を無視し、パル判事の意見を過剰なまでに評価することは疑問である。そこには東京裁判の不当さを訴えることによって、東京裁判が下した日本の侵略行動を自ら免罪しようとする意図が見え隠れする。パル判事にしても法理論上の観点から無罪を主張したに過ぎず、日本の侵略戦争を擁護する意図は全くなかったことは、パル自身が書き残した著作などからも明らかである。

また、「中国を戦勝国とした東京裁判は無効」という意見が見受けられることがあるが、第二次世界大戦中において、蔣介石率いる中国は間違いなく連合国の一員であり、ロンドン協定の審議に参画した一員であった。また、中国は様々な推定数があるが、約一五〇〇万名の犠牲者を出しながらも、日本を敗北に追い込んだ、最も大きな役割を担った国家と言えよう。

もうひとつ東京裁判絡みの問題に触れておきたい。それは、東京裁判否定論の理由として持ち出される「共同謀議」の問題である。東京裁判では、日本には中国大陸侵略の共同謀議があったとしているのに対し、その大陸侵略の象徴事例としての「満州国」建国（一九三二年）が指摘されてきた。

東京裁判を否定する論者は、日本の中国大陸「進出」は、中国東北地域に清朝再建を目途とする愛親覚羅溥儀らの強い願望への支援行為に過ぎないとしてきた。これに対して東京裁判の開廷にあたり、連合諸国中、アメリカは「共同謀議」罪の導入を提案し、これはロンドン協定で採択される。「共同謀議」罪とは、侵略戦争や戦争犯罪について、「犯罪全体の過程における個々の犯罪行為に対する主観的要件を必要とせず、犯罪全体の計画に対する関与があればそれだけで犯罪の成立を認める」ものであった。

歴史事実を追えば、日本には満州事変による本格的な中国侵略の意図が存在していた。つまり、中国領土の一部であった中国東北部（「満州」）を独立させ、ここに実権を掌握して対ソ連侵攻の橋頭堡として位置づけ、中国制圧の出城として位置づけていた。そうした日本の具体的な膨張計画や侵略計画が「共同謀議」罪に該当すると判断されたのである。

日本指導層において、共通かつ一貫した侵略主義や膨張主義が徹底されていたとは言えないが、少なくとも一九三一年以降における日本の対中国政策などを全体として見た場合、そこにはここで言う「共同謀議」罪とする罪状に値する内容が確認されるのではないか。この場合、清朝最後の皇帝であった愛親覚羅溥儀の清朝復興の願望を政治的に利用し、「満州国」の独立を装いつつも、日本が「満州国」の実権を掌握したことは紛れもない事実であった。

中国革命以後、中国共産党が叙述する歴史には、確かに抗日戦勝利は大部分が共産党の成果だとする内容が目立つ。それは中国が革命の成果を中国人民に普及し、社会主義国家防衛のためには不可欠な政治教育であったからである。

かつて現役首相による靖国神社公式参拝を契機に、中国国内では反日世論が急激な高まりを見せたことがあった。取り分け、二〇〇三年三月の小泉純一郎首相（当時）の参拝を引き金として中国各地で起きた反日デモは、あらためて日本政府及び戦後日本人の、日中戦争に関わる戦争責任問題が依然として未決であることを証明してみせた。

靖国神社に東條英機らA級戦犯で絞首刑となった軍人たちを合祀し、英霊として祭り上げている日本社会の現実は、数多の中国人には、どうしても合点がいかないのである。一方の日本及日本人の多くに、中国の反発の真意が掴めないでいる。このままでは和解への道は険しいと思わざるを得ない。

現実を打開し、和解と共生の関係を創り上げるためにも、その第一歩として、先ずは日本政府及び日本人が、先の戦争は中国に敗北したのだ、という厳然たる事実を正面から受け止めることであろう。それなくして、歴史和解は不可能である。ある意味では相互の経済的利益の確保を求めてなされた日中国交正常化という政治的決着の綻びが明白である以上、私たちは自らの歴史認識のありようを自問しなければならないだろう。そこで相手方に充分理解と共感を得られる歴史認識を示し、具体的な行動を通して歴史和解へと前進すべきではないか。

いま、「日中戦争とは何だったのか」を問い直すことによって、戦後日本人の歴史認識の総ざらいをすることが求められているように思う。その作業を根気強く推し進めることで、日中両国間の歴史和解への展望が切り開かれることになろう。歴史を絶え間なく深める努力を重ねることで、今を生きる私たちは、歴史を正しく導く資格をも手に入れることができるのではないか。歴史認識は過去を見据えることで深められ、同時にあるべき未来の方向をも示唆してくれるはずである。

その意味で、「日中戦争とは何だったのか」を問うことは、「これからの日中関係をどうすべきか」を真剣に問うことなのである。歴史認識とは、未来認識であることを、私は歴史研究を通して日々痛感している。

おわりに　歴史から何を学ぶのか

私には二人の恩師がいる。一人は日本における軍事史研究の開拓者であり、病床にありながら『餓死した英霊たち』（大月書店刊、二〇〇一年）を書き上げた藤原彰先生であり、もう一人は広い意味での軍事問題に関心を抱かせて頂いた作家の五味川純平先生である。ある意味でこの二人の御仕事に通底している強い思いが、私に本書を書かせたと、とも言える。

藤原先生は、中国で中尉として多くの部下と共に中国軍兵士と戦い、自らも負傷するなかで、復員後、日中戦争の本質を軍事史研究という領域から浮き彫りにする作業に取り組まれた。戦場での個人体験から藤原先生は、対中国戦争が近代日本国家にとって、どれだけ不当な侵略戦争として強行され、日本の国力を徹底して殺がざるを得なかった総力戦であり大消耗戦争であったことを、豊富な資料調査及び現地調査を重ねるなかで数多の著作で論証された。

五味川先生もまた、満鉄が経営する昭和製鋼所（瀋陽）に勤務されながら、日本の戦争の無謀さと非常さとを体験し、それが『人間の条件』、『戦争と人間』、『虚構の大儀』など数多の作品を書き残すことになった。

そのなかで、私は五味川先生の『極限状況における人間』（三一書房、一九七三年刊）をあらためて読み返している。評論と橋川文三氏ら何人かの論者との対談から構成される同書の「Ⅱ　精神の癌――日本人と対中国戦争――」には、私が本書で語ってきた思いと同じ文面が綴られていたのである。

すなわち、「よくいわれるように、対中国戦争はズルズルとはじまり、拡大し、ついに敗北した。その敗北も、国民の意識では、米英ソに負けたかもしれぬが、中国には絶対に負けなかったという信仰を失わせはしなかったと思う」と。

五味川先生は、日本人の意識に内在する「中国に絶対に負けなかった」という思いこみに近い感情の背景に、中国に対する「敵」意識の不在を指摘されている。つまり、〝後進国中国〟への長年にわたって培われた蔑視感情あるいは差別意識が、中国と中国人への憎しみの感情の前に、中国への憐れみの感情が、「敵」意識すら派生させなかったのではないか、と言うのである。

ここで言う「敵」意識の不在が、南京事件や三光作戦（焼き尽くし、奪い尽くし、犯し尽くす）という残虐な事件や作戦を生み出したのではないか、という。本書でも触れてきたように、「中国に敗北した」という歴史事実を頑なに受け入れようとしてこなかったことは、日本と日本人の戦後における対中国認識や対アジア認識を決定づけているとした。

さらに、別の箇所で次ぎのように語っている。すなわち、「もし、日本は中国にこそ負けたのであり、中国大陸で負けたからこそ太平洋でも負けたのだということを、事実と実感をもって、全国民的規模で確認していたら、戦後のわれわれの政治・思想運動の状況はいまと非常に違うものになったに相違ないのである」という件である。

関東軍司令部旧跡博物館

「日本は誰に負けたのか」の問いに、「アメリカに負けた」とする安直な解答で、それ以上に深く問うことを回避してきたことは、私たちが歴史から何も学ばなかったに等しい行為として見られることになろう。それは歴史を封印する行為という他ない。

封印を解き、そこに埋もれたままの歴史事実から、あらためて歴史の教訓を引き出す行為のなかで、歴史を活かす努力が求められている。それなくして、これからの日中関係を中心に、日本の対アジア諸国民との歴史和解は困難であろう。

二〇〇七年九月一七日、私は二度目の訪問だったが、旅順の関東軍司令部跡に開館された資料館に立ち寄った。その日は、九・一八事件（満州事変）の前日である。資料館の写真パネルなどの説明を受けながら、中国人にとって七六周年目の「九・一八事件」を、どのような思いで迎えるのかに思いを馳せながら、多くの中国人の人たちと一緒に館内を隈無く見て回った。

帰りがけに玄関の左正面に歴史認識を示す文字が壁一面に大きな、しかも力強いタッチで掲げられていた。次の約束の時間が迫っていたので、私は急ぎカメラに写し取った。その文字は以下のようである。

人们不能拒绝历史，因为历史给我们以智慧，
人们不能忘记历史，因为忘记历史就意味着对事业的背叛，
人们不要漠视历史，否则将受到历史的惩罚，
人们更不要割断历史，因为否定昨天就将失去明天。

以下、日本語にすれば次のようになろうか。

我々は歴史を拒絶することができない。なぜならば、歴史は我々に知恵を与えてくれるからである。

我々は歴史を忘却することができない。なぜならば、歴史の忘却は歴史の使命の裏切りを意味するからである。

我々は歴史を無視してはいけない。歴史を無視すれば歴史による懲罰を受けるであろう。

我々は歴史を切り離してはいけない。昨日のことを否定したら明日を見失うであろう。

あとがき

二〇〇八年四月初旬の春休みを利用し、家族を帯同して再び旅順の資料館に立ち寄った時の事である。私たち家族が例によって資料館の展示物を閲覧していた時、後から入ってきた中国人の一団が、大変な剣幕で私たちに向かって、「为什么这里会有日本人？（どうして、ここに日本人がいるのか）」と詰め寄ろうとした。言うならば、被害者感情を前面に出しての物言いだった。

一瞬、緊張感が走り、重苦しい雰囲気となった。私は、「正因为我知道日本人对中国人民犯下的罪行，所以才来到当时战争的地方来重新认识历史。（私は、日本人が中国人に対して罪を犯したのだから、戦争が起きた地で、あらためて歴史を認識するために、ここに来ているのです）」と言い返したい気持ちに駆られた。その場のただならぬ空気を察して、館員や付き添ってくれた中国人が咄嗟に間に入り、「这里的展示不单单为中国人，也是为日本人不忘历史而设立的（中国人だけでなく、日本人にも歴史を忘れないようにと、ここの展示はあるのです）」と言い返した。

その説得を受け入れたのか、渋々引き下がった中国人の一団の背中を見やりながら、私は被害の事実を中国人だけで確認し、記憶するだけでなく、加害者もおなじ場で加害の事実に触れ、心に刻むことが必要だと、あらためて強く思わざるを得なかった。

それが被害であれ加害であれ、歴史の事実を両国民が共同して心に刻む行為の積み重ねのなかで、両国の歴史和解への扉がゆっくりと開かれるのだと信じたい。

最後になってしまったが、日中関係の未来に深い関心を抱き、同時に日本人の歴史認識の有り様を探る優れた本を手がけられている同時代社に出版を引き受けて頂いたことは嬉しい限りであった。特に編集を担当頂き、無理な注文にも快く応じて頂いた高井隆氏には、重ねて御礼申し上げたい。書物は、書き手と編み手の二人三脚で初めて完成することを、今回あらためて痛感した次第である。

二〇〇九年五月

纐纈　厚

主要参考文献一覧

（＊本書で表記した以外の参考文献。比較的新しいものを中心に選択した）

笠原十九司『アジアの中の日本』大月書店、一九九四年
田口裕史『戦後世代の戦争責任』樹花社、一九九六年
笠原十九司編『歴史の事実をどう認定しどう教えるか』教育史料出版会、一九九七年
纐纈厚『侵略戦争　歴史事実と歴史認識』筑摩書房・ちくま新書、一九九九年
趙全勝（杜進・栃内精子訳）『日中関係と日本の政治』岩波書店、一九九九年
稲垣武・加地伸行『日本と中国　永遠の誤解』文藝春秋、一九九九年
ジョシュア・A・フォーゲル編（岡田良之訳）『歴史学のなかの南京大虐殺』柏書房、二〇〇〇年
高浜賛『日本の「戦争責任」とは何か』アスキー、二〇〇一年
飯田進『顔のない国』不二出版、二〇〇一年
鶴見俊輔他『この百年の課題』朝日新聞社・朝日選書、二〇〇一年
加藤尚武他『現代日本論』実践社、二〇〇一年
木佐芳男『〈戦争責任〉とは何か』中央公論新社・中公新書、二〇〇一年
船橋洋一編『いま、歴史問題にどう取り組むか』岩波書店、二〇〇一年
江口圭一『十五年戦争研究史論』校倉書房、二〇〇一年
若槻康雄男『「在中二世」が見た日中戦争』芙蓉書房出版、二〇〇二年
崔吉城『「親日」と「反日」の文化人類学』明石書店・明石ライブラリー、二〇〇二年

エドワード・ミラー（沢田博訳）『オレンジ計画』新潮社、二〇〇二年
二条大河『なぜ日本は戦争をしたのか』新風舎、二〇〇二年
笠原十九司『南京事件と日本人』柏書房、二〇〇二年
荒井信一『中国歴史と出会う』草の根出版会、二〇〇二年
石平『なぜ中国人は日本人を憎むのか』PHP研究所、二〇〇二年
小野寺利孝他編『中国河北省における三光作戦』大月書店、二〇〇三年
蔣立峰・林旭『日本　2002』世界知識出版社、二〇〇三年
野田正彰『背後にある思考』みすず書房、二〇〇三年
秦郁彦編『昭和史20の争点　日本人の常識』文藝春秋、二〇〇三年
東アジア学会編『日韓の架け橋となった人びと』明石書店、二〇〇三年
天児慧『中国とどう付き合うか』日本放送出版協会・NHKブックス、二〇〇三年
半藤一利『昭和史』平凡社、二〇〇四年
佐高信・魚住昭『だまされることの責任』高文研、二〇〇四年
星野芳郎『日本軍国主義の源流を問う』日本評論社、二〇〇四年
小倉紀蔵『歴史認識を乗り越える』講談社・現代新書、二〇〇五年
荒井信一『戦争責任論』岩波書店・岩波現代文庫、二〇〇五年
熊谷伸一郎『なぜ、加害を語るのか』岩波書店・岩波ブックレット、二〇〇五年
日中韓3国共通歴史教材委員会編『未来をひらく歴史』高文研、二〇〇五年
VAWW－NETジャパン編『消された裁き』凱風社、二〇〇五年

小菅信子『戦後和解』中央公論新社・中公新書、二〇〇五年
保阪正康『あの戦争は何だったのか』新潮社・新潮新書、二〇〇五年
黄文雄『日中戦争は侵略ではなかった』ワック・Ｗａｃ　ｂｕｎｋｏ、二〇〇五年
黄文雄『近代中国は日本がつくった』ワック・Ｗａｃ　ｂｕｎｋｏ、二〇〇五年
謝幼田（坂井臣之助訳）『抗日戦争中、中国共産党は何をしていたか』草思社、二〇〇六年
進藤榮一・平川均編『東アジア共同体を設計する』日本経済評論社、二〇〇六年
太平洋戦争研究会編『日中戦争がよくわかる本』ＰＨＰ研究所、二〇〇六年
秦郁彦『歪められる日本現代史』ＰＨＰ研究所、二〇〇六年
荒井信一『歴史和解は可能か』岩波書店、二〇〇六年
井上寿一『アジア主義を問いなおす』筑摩書房・ちくま新書、二〇〇六年
読売新聞戦争責任検証委員会編『検証　戦争責任』（１，２）中央公論新社、二〇〇六年
劉傑他編『国境を越える歴史認識　日中対話の試み』東京大学出版会、二〇〇六年
東中野修道『南京事件　国民党極秘文書から読み解く』草思社、二〇〇六年
孫歌他編『ポスト〈東アジア〉』作品社、二〇〇六年
油井大三郎『なぜ戦争観は衝突するのか』岩波書店、二〇〇七年
永沢道男『なぜこれほど歴史認識が違うのか』光文社、二〇〇六年
読売新聞中国取材班編『膨張中国　新ナショナリズムと歪んだ成長』中央公論新社、二〇〇六年
斉藤貴男・森達也『日本人と戦争責任』高文研、二〇〇七年
吉田裕『アジア・太平洋戦争』岩波書店・岩波新書、二〇〇七年

伊香俊哉『満州事変から日中全面戦争へ』吉川弘文館、二〇〇七年
佐藤卓己他編『東アジアの終戦記念日』筑摩書房・ちくま新書、二〇〇七年
子安宣邦他『歴史の共有体としての東アジア』藤原書店、二〇〇七年
井上寿一『日中戦争下の日本』講談社・講談社メチエ、二〇〇七年
加藤陽子『満州事変から日中戦争へ』岩波書店・岩波新書、二〇〇七年
趙無眠『もし、日本が中国に勝っていたら』文藝春秋、二〇〇七年
鶴見俊輔・加々美光行『無根のナショナリズムを超えて　竹内好を再考する』日本評論社、二〇〇七年
加々美光行『鏡の国の日本と中国』日本評論社、二〇〇七年
田島英一『弄ばれるナショナリズム』朝日新聞・朝日選書、二〇〇七年
笠原十九司『南京事件論争史』平凡社・新書、二〇〇七年
纐纈厚『私たちの戦争責任「昭和」初期二〇年と「平成」期二〇年の歴史的考察』凱風社、二〇〇九年
纐纈厚『田中義一　総力戦国家の先導者』芙蓉書房、二〇〇九年

【中国語文献】

中共中央党史研究室第一研究部編『抗日战争史研究述评』中共党史出版社、一九九五年
宋强・张藏藏・乔边编『中国可以说不』中华工商联合出版社、一九九六年
郑彭年『靖国神社　日本軍国主義的招魂幡』新华书店、二〇〇〇年
刘志明编『中日传播与舆论』ＥＰＩＣ、二〇〇一年
高嵐著『靖国神社的幽灵：警惕日本军国主义复活』军事科学出版社、二〇〇一年

马黎明編『当代日本与中日关系』天津社会科学院出版社、二〇〇三年
李隆庚『中国近现代史教材改革纪程』人民教育出版社、二〇〇三年
林晓光『日本政府开发援助与中日关系』世界知识出版社、二〇〇三年
王屏『近代日本的亚细亚主义』商务印书馆、二〇〇四年
王涛『我们能够超越民族主义吗？』北京三联书店、二〇〇四年
吴寄南・陈鸿斌『中日关系〝瓶颈〟论』时事出版社、二〇〇四年
乐山编『潜流：对狭隘民族主义的批判与反思』华东师范大学出版社、二〇〇四年
黄小军・应竞丽・王华标编『爱国主义教育概要』四川大学出版社、二〇〇五年
吴广义『解析日本的历史认识问题』广东人民出版社、二〇〇五年
李建民『冷战后日本的〝普通国家化〟与中日关系的发展』中国社会科学出版社、二〇〇五年
阎学通・金德湘編『东亚和平与安全』时事出版社、二〇〇五年
軍事科学院军事历史研究部『中国抗日战争史』（全三巻）、解放军出版社、二〇〇五年
蒋清越『你是中国人吗』中国致公出版社、二〇〇六年

【著者略歴】
纐纈　厚（こうけつ・あつし）
1951年岐阜県生まれ。一橋大学大学院社会学研究科博士課程修了。山口大学人文学部教授、政治学博士。遼寧師範大学客員教授、大連市歴史文物研究所客員研究員、韓国平和統一研究所海外研究員。主著に『総力戦体制研究』（三一書房、1981）、『日本海軍の終戦工作』（中央公論社・新書、1996）、『侵略戦争』（筑摩書房、1999）、『近代日本政軍関係の研究』（岩波書店、2005）、『文民統制』（岩波書店、20005）、『監視社会の未来』（小学館、2007）、『부활하는 일본의 군국주의)』（韓国・제이앤씨、2008）、『新日本军国主义的新阶段』（中国・吉林文史出版社、2008）、『新日本軍國主義之現段階』（台湾・人間出版社、2009）、『私たちの戦争責任』（凱風社、2009）、『田中義一　総力戦国家の先導者』（芙蓉書房出版、2009）など。

「日本は支那をみくびりたり」
——日中戦争とは何だったのか

2009年7月30日　初版第1刷

著　者　纐纈　厚
発行者　川上　徹
発行所　株式会社同時代社
〒101-0065　東京都千代田区西神田2-7-6
電話　03(3261)3149　FAX　03(3261)3237
装幀／組版　有限会社閏月社
印　刷　株式会社シナノ

ISBN978-4-88683-648-9